삶을 바꾸는 책 읽기

세상 모든 책을
삶의 재료로 쓰는 법

삶을
바꾸는
책 읽기

정혜윤

민음사

프롤로그
사랑하는 자의 모습으로

거창하게 책 제목을 '삶을 바꾸는 책 읽기'라고 해 버렸습니다. 교양을 위한 책 읽기도 아니고, 리더가 되기 위한 책 읽기도 아니고, 치유를 위한 책 읽기도 아니고, 고독하고 우울한 밤을 보내기 위한 책 읽기도 아니고, 저는 왜 삶을 바꾸는 책 읽기라고 해 버렸을까요?

저는 삶이 무엇인가 탐구해 온 철학자가 아닙니다. 그런데도 이렇게 무슨 말을 해 볼 수 있게 된 건 저에겐 중요한 '스승들'이 있기 때문입니다. 이제 '그들의 힘'에 의지해서 삶과 책 읽기가 어떤 관계가 있는지, 삶에서 책 읽기가 어떤 도움이 되는지 말해 보려고 합니다.

저는 서평집도 몇 권 냈고 서평 칼럼도 쓰고 종종 강의도 하기 때문에 책 읽기에 관해서 몇 가지 질문들을 받곤 합니다. 대략 이런 질문들입니다.

1. 먹고살기도 바쁜데 언제 책을 읽나요?
2. 머리가 나쁜지 책을 읽어도 무슨 말인지 모르겠어요. 책 읽는 능력이 없는데 어떡하나요?
3. 지금은 책을 읽을 때가 아니에요. 읽고 싶어도 앞날이 불안해서 읽을 수가 없어요. 삶이 불안한데도 책을 읽어야 하나요?
4. 사는 게 너무 힘들어요. 위로에 대한 책을 봐도 그때뿐이고요. 책이 정말 위로가 될까요?
5. 책은 읽을 땐 좋은데 써먹을 데가 없는 거 같아요. 책이 쓸모가 있나요?
6. 책을 읽으면 대체 뭐가 좋나요? 책의 진짜 쓸모는 뭐죠?

그리고 이런 질문들도 받습니다.

7. 전 읽어도 다 잊어버려요. 읽은 책을 오래 기억하는 법이 있나요?
8. 어떤 책부터 읽으면 좋을까요? 리스트 좀 보내 주세요. 제 이메일 주소 알려 드릴까요?

저는 질문을 받을 때마다 부족하나마 대답하려고 애썼습니다. 그런데 언제부턴가 제가 한 번도 생각 못 한 질문을 받기 시작했습니다. 언뜻 생각하면 책 읽기와 관련이 없는 그 질문은 저를 당황하게 했습니다. 그런데 그 질문이 살면서 자꾸자꾸 생각나는 겁니다. 사실은 그 질문에 답하기 위해서 이 책을 쓸 맘이 들었던 듯도 합니다. 그러니까 이 책엔 앞에서 말한 질문들과 함께 비밀 질문이 하나 숨어 있습니다.

지금 생각해 보면 앞에 나온 모든 질문은 그 하나의 비밀스러운 질문에 이르는 과정이었던 것도 같습니다. 이 책은 책 읽기에 관한 몇 가지 중요한 질문들, 그리고 그 중요한 질문들이 궁극적으로 다다르는 하나의 비밀 질문에 대한 제 나름의 답변입니다.

◆

여러분은 혹시 『슬럼독 밀리어네어』라는 책 혹은 영화를 보셨습니까? 배경은 인도 델리. 어느 날 무식하고 가난한 웨이터 람 모하마드 토머스가 "누가 10억의 주인이 될 것인가?"라는 퀴즈 쇼 최초의 우승자가 됩니다. 돈을 내놓을 생각이 손톱만큼도 없는 퀴즈 쇼 주최 측은 승부 조작을 했다고 모함하며 그를 경찰에 넘겨 버립니다. 물론 그는 승부 조작을 하지 않았죠. 그는 험한 일을 많이 겪었어도 깨끗한 영혼이니까요. 궁지에 몰린 우리의 주인공은 뭐라고 말을 할까요?

사랑하는 자의 모습으로

"우리 같은 가난뱅이도 질문을 하고 대답을 요구할 수 있습니다. 가난뱅이가 퀴즈를 내면 부자는 한 문제도 답을 말할 수 없을 겁니다. (중략) 나는 학교 문턱도 넘지 못했어요. 책을 읽을 줄도 몰라요. 하지만 퀴즈의 답을 알았어요. 정말이에요."
"그러니까 당신이 답을 어떻게 알았는지 알려면 당신이 지금까지 어떻게 살아왔는지 알아야 한다는 뜻인가요?"

그러니까 제가 하고 싶은 말은, 앞서 나온 모든 질문의 답변도 바로 그렇다는 겁니다. 모든 답은 여러분의 삶 안에 있다는 것만은 미리 밝혀 둡니다. 책에 대해 물었는데 답은 삶 안에 있다고 하니까 이 책을 당장 덮어 버리고 싶어지죠? 삶은 생각할수록 골치가 아프니까요. 삶은 문제가 있거나 지루하거나 둘 중 하나인 것 같으니까요. 사실 삶은 아무 일도 일어나지 않아도 무겁습니다. 쿤데라는 『참을 수 없는 존재의 가벼움』에서 존재가 참을 수 없이 가벼워서 아무에게도 영향을 미치지 못하는 것의 무거움에 대해서 말했습니다. (우리의 노동을 돌아보아도 우린 지금 중노동이나 과로보다도 노동의 값어치 없음, 노동의 가벼움이 더 비극인 시대를 삽니다.)

그럼에도 제가 삶에 답이 있다고 말하는 이유는 문제보다 해답이 훨씬 더 창조적이기 때문입니다. 문제는 무겁지만 해답은 그 무게를 줄여 줄 수 있습니다. 문제는 뻔해도 해답은 풍요롭습니다. 이런 질문들은 정말 소중합니다. "내 삶에는 아무런 변화도 필요치 않아. 난 너무 만족해!"라고 생각하는 사람은 이런 질문을 던지지 않습니다. 아마 책을 읽지 않아도 될 겁니다. 책을 읽는 사람들은 가슴속에 한마디를 담고 있습니다. "도와줘!" 우린 보르헤스의 「바벨의 도서관」에 나오는 사람들처럼 자기 자신을 위한 단 한 권의 책을 찾으리란 희망으로 책장을 들춥니다. 그러므로 이런 질문을 던지는 사람이라면 대답을 찾는 과정에서 반드시 삶의 변화를 위한 실마리를 찾아내야만 하는 겁니다.

말라르메는 "육체는 슬프고, 아아! 나는 모든 책을 읽어 버렸네."라고 읊었습니다. 설마 "아, 말라르메란 사람은 정말로 모든 책을 읽었나 봐." 하고 그 말을 그의 황당한 자랑으로 받아들이지는 않겠죠? 이 말은 모든 책은 먼지지만 인생은 그렇지 않다는 뜻으로 해석됩니다. 책을 읽고도 삶을 살아야 하는 것은 우리 몸이란 뜻이라고 저는 생각합니다. 책을 읽을 때 나의 유일한 관심사, 그건 교양도 아니고 성공도 아니고 스티브 잡스나 이건희처럼 사는 법도 아니고 그저 이 몸으로 잘 사는 법이었습니다. 책이 아무리 좋아도 제 곁에 있는 사람의 슬픔이나 우울만큼 관심을 끌지는 않습니다.

사실 책에서만 사는 법을 배우는 건 아닙니다.
어느 날 저는 호수라는 이름을 가진 눈이 아주 예쁜 초등학교 5학년 남자아이랑 이야길 나눴습니다. 그 아이는 정말 밝고 예쁩니다. 잘 웃습니다. 그래서 호수에게 "호수야, 너는 슬픈 일이 없니?"라고 물었습니다. 아이는 말했습니다.

"있어. 나도 슬플 때가 있어. 그건 바로 우정이 깨질 때랑 내가 보이지 않는 존재가 될 때야."

어리둥절해진 저는 다시 물었습니다.

"보이지 않는 존재라고? 그런 적이 있단 말이니?"

"응. 저번에 친구들이랑 체육관에서 달리기를 하는데 우리 편이 한 명 많았어. 그래서 친구들이 나더러 빠지라는 거야. 내가 달리기를 제일 못하니까 솔직히 말하면 친구들이 나한테 빠지라고 하기도 전에 내가 빠지겠다고 했어. 그런데 실은 나보다 달리기를 못하는 애가 한 명 더 있었어. 그런데도 나는 내가 제일 못 달리니까 빠지겠다고 했어. 그리고 모두들 달리기를 시작했는데 금세 나를 잊어버렸어. 모두들 신나게 노느라고. 그때 내가 보이지 않는 존재가 된 것 같았어. 체육관에서 열심히 응원을 했는데 응원하는 사람은 나 하나고 모두가 선수니까 내가 보이지 않게 된 거야. 선수들은 응원하는 사람이 한 명일 때는 잘 못 보나?"

"그럼 보이지 않는 존재가 될 때 얼마나 슬펐어?"

"그건 마치 저녁 시간인데도 손님이 하나도 없는 식당에서 구석에 있는 테이블을 닦고 있는 할머니가 된 것 같았어."

"그건 무슨 말이니?"

"사실은 전에 한 번 그런 걸 본 적이 있어. 손님이 없는 식당에서 할머니가 혼자 식탁 닦고 있는 거. 그걸 보니까 금방 안 좋은 일이 생길 것 같았어. 월급이 깎인다거나 가게 문을 닫는다거

나. 나도 보이지 않는 존재가 됐을 때 안 좋은 일이 곧 생길 것만 같았어. 그러고 보니 손님도 없는데 불 켜 놓고 전기세만 나가는 가게를 보는 것도 슬퍼. 불 꺼진 가게도 슬퍼. 영업을 중단합니다 라고 써 붙인 가게도 슬퍼."

저는 이 아이와 이야기를 나누면서 놀라 버렸습니다. 아이들도 어른과 같은 이유로 두려움을 느낍니다. 우정이 깨지는 것, 친구들이나 세상이 나를 잊는 것, 먹고살기 힘든 것. 아이들은 어른들이 느끼는 불안도 함께 느낍니다. 폐점을 앞둔 불 꺼진 가게에는 얼마나 많은 사연이 있겠습니까? 아이들은 책에서만 배우지 않고 길거리에서도 배웁니다. 아이들은 자기 때문에만 슬픈 게 아니라 자기 앞에 펼쳐진 어른들의 세계 때문에도 슬픕니다. 샐린저의 『호밀밭의 파수꾼』에 나오는 홀든이 그런 것처럼요. 호수가 가진 배움의 능력, 불 꺼진 가게에서 슬픔을 배우는 능력이 부러웠습니다. 그러고 보니 저에게도 그런 배움의 순간들이 있었던 게 기억납니다.

한번은 택시를 탔는데 기사 아저씨가 야구 중계를 열심히 듣고 있었습니다. 저는 무심코 "아저씨, 야구 좋아하시나 봐요." 라고 말했습니다. 그랬더니 아저씨가 웃습니다. 그러면서 말하기를, 몇 년 전 그러니까 박찬호가 아직 LA 다저스에서 뛰고 있을 무렵 일흔 살쯤 된 할머니가 택시에 탔더랍니다. 할머니는 택시에 타자마자 대뜸 야구 중계를 틀어 달라고 하더랍니다. 택시 기사는 마치 제가 그런 것처럼 "할머니, 야구 좋아하세요?"라고 물었죠. 그러자 할머니가 이렇게 말씀하셨답니다. 내 인생에 꼭 이루고 싶은 소원이 한 가지 있는데 그건 LA 다저스 구장에 가서 박찬호가 공을 던지는 나이트 게임을 보는 거라고. 꼭 나이트 경기로 보고 싶다고. 택시 기사는 그 이유가 궁금했겠죠. 할머니는 이렇게 말했답니다.

"나는 이 나이가 되도록 경기장 펜스 밖으로 날아가는 야구공만큼 아름다운 것을 본 적이 없어. 쏟아지는 불빛도 팽개쳐 버리고 저 어두운 하늘 뒤로 날아가는 야구공."

그 뒤로 택시 기사는 야구 중계를 꼭 챙겨 듣는답니다. 기사 아저씨와 저는 할머니가 박찬호의 나이트 게임을 봤을까요, 그러게 말입니다, 살아 계실까요, 그러게 말입니다, 공이 어두운 하늘로 날아갔겠죠, 그러게 말입니다, 이런 이야길 나누고 말없이 야구 중계를 들었습니다. 어쩌면 우리 둘 다 야구장에 앉아 있는 할머니의 모습을 상상해 봤을지도 모르죠. 관중의 함성이 있고, 박찬호는 마운드에 서 있고, 딱 소리가 나고, 모두들 호흡을 멈추고, 마침내 장내 아나운서는 "아, 아아, 아아아, 공이 펜스를 넘어갑니다!"를 목청껏 외치고, 할머니는 벌떡 일어서겠죠. 그런데 이 할머니는 박찬호가 홈런 한 방 맞길 기대한 건가요? 까짓것 홈런 한 방 맞더라도 멋진 게임을 하길 바란 건가요?

프롤로그

또 한번은 아주 늦은 밤에 택시를 탔는데 기사 아저씨가 재즈 프로그램을 듣고 있는 겁니다. 그 방송은 제가 만든 것이었습니다. 양철 냄비가 찌그러지는 듯한 루이 암스트롱의 목소리가 흐르고 있었죠. 그리고 클라리넷, 그래요, 클라리넷 소리가 있었습니다. 저는 저도 모르게 뒷좌석에서 앞좌석으로 끌어당겨지며 자석처럼 아저씨 등 뒤에 딱 달라붙었습니다. "아저씨, 재즈 좋아하세요?"(담당 PD가 청취자를 향해 주체 못 하는 애정을 담아서) 그러자 아저씨가 이렇게 말합니다.

"12시 넘어 이제 취한 사람들밖에 없을 때는 나도 무척 피곤하고, 게다가 취객들이 날 함부로 대할 때면 내가 사람이 아니고 의자 같고 차 같고, 사람들 눈엔 내가 요금 계산기보다도 보이지 않는 것 같고……. 그럼 이런 생각을 하죠. 에잇 다 때려치우고 어디 확 먼 곳으로 떠나 버려? 브라질 같은 데로 가 버려? 울화가 치미는 거죠. 그런데 그러고 나면 또 이런 생각이 들어요. 떠나 봤자 뭐 할 건가? 별 수 있나? 거기서도 결국은 왁자지껄한 사람들 소리를 또 듣고 싶어할 텐데. 볼 것, 못 볼 것 다 봐도 결국은 여기밖에 없어요. 그런데 꼭 재즈가 그런 음악 같단 말이죠. 뭔가 찡하니 외로운데 금세 신나서 떠들썩해지잖아요. 그것도 아주 즉석에서요. 이것들은 속도 없나 싶을 때도 있어요. 근데 그게 나 같은 사람도 이해 못 할 게 없단 말이죠. 표현을 안 할 뿐이지. 어떻게 말해야 할지 몰라서 그렇지. 우리가 악기가 있나 뭐가 있나. 그래도 밤에 재즈 들으면 꼭 딴 세상에 가는 것 같은 기분도 드는

데, 그 딴 세상이 딴 세상이 아닌 것 같기도 하고. 재즈 들으면 밤에 운전할 맛이 좀 나죠."

사실 이 택시 기사 아저씨의 이야기는 정확히 폴 오스터가 『브루클린 풍자극』에서 한 이야기와 랠프 엘리슨이 『보이지 않는 인간』에서 한 이야기를 합해 놓은 것 같습니다. 폴 오스터와 랠프 엘리슨 둘이서 짜고 저한테 이 택시 기사를 보낸 걸까요? 제가 재즈 프로그램을 만들던 때도 그보다 더 멋진 재즈 해석은 들어 본 적이 없는 것 같습니다.

이것은 책에 대한 해석이기도 합니다. 저에겐 삶에 대한 해석도 아마 이와 가까울 것입니다. 볼 것, 못 볼 것 다 봐도 이 꼴, 저 꼴 다 겪어도…… 그러나…….

이 이야기들이 책과 무슨 상관이 있냐고요? 책을 읽고 제게 일어난 가장 좋은 일은 바로 이런 이야기들을 귀담아 들을 수 있게 된 겁니다. 전에는 이런 이야기들을 잘 알아듣지도 못하고 그 가치도 잘 몰랐던 것 같습니다. 성공 스토리가 아니니까요. 멘토의 한 말씀이 아니니까요. 저는 수천 번 입맞춤을 받아 봤자 통 깨어나지 않는 잠자는 숲 속의 여인과 비슷하게 살았습니다. 저를 깨우려면 키스가 아니라 찬물이나 몽둥이 세례가 필요했을 겁니다. 그런데 영혼이 이렇게 잠들어 버리면 자기가 어떤 상황에 처해 있는지 잘 알지 못합니다. 자신에게 가장 좋은 일이 무엇인지도 모릅니다.

 삶이란 뭘까요? 아주 간단히 말하면, 내가 이 세상에서 겪는 일이겠죠. 그러니 세상을 잘 알수록 좋겠죠. 그러나 세상을 알고 싶다고 생각해도 혼자서는 제대로 탐구할 수가 없습니다. 대화 상대가 필요합니다. 책은 '어떻게 살아갈까?' 고민하는 사람에게 중요한 대화 상대가 될 수 있습니다. 책은 자꾸 일어나라고 합니다. 깨어나라고 합니다. 그만 자라고 합니다. 다시 생각해 보라고 합니다. 생각 못 한 게 있다고 알려 줍니다. 내가 보는 세상이 아주 작다고 말합니다. 내가 겪고 있는 일들을 다른 사람은 어떻게 헤쳐 나가는지 혹은 어째서 헤쳐 나가지 못하는지 보여 줍니다.
 책은 마치 「크리스마스 캐럴」에서 스크루지 영감이 만난 세 유령처럼 굽니다. 책은 인간이 아닌데도 인간처럼 세상에 개입하고 싶어 합니다.

 '삶을 바꾸는 책 읽기'라고 할 때 제 속마음은 사실 무엇인가를 몹시 사랑하는 인간으로 세상을 사는 태도에 대해 말하고 싶었던 것인지도 모릅니다. 저에게는 책이었지만 누군가에게는 수달일 수도, 유기견일 수도, 도롱뇽일 수도, 나무일 수도, 강물일 수도 있겠죠. (사랑하는 사람은 논외로 하고.)
 어렸을 때 만화 「뽀빠이」를 보는데 이런 장면이 나옵니다. 말라깽이 올리브는 어느 날 먹성이 아주 좋은, 기름기 좔좔 흐르는 남자의 구애를 받게 되지요. 그런데 그 남자는 이렇게 외쳐요. "당신의 머리카락은 스파게티 가락처럼 아름다워요." "당신과 나 사이는 샌드위치 속의 베이컨과 계란 사이처럼 가까워요." 그때 저는 전문 용어로 돈오돈수의 경지에 고고히 떠올랐던 것 같습니다. 두 가지 생각이 들었습니다. 먹보는 먹보같이 사랑하고, 이기적인 사람은 이기적으로 사랑하고, 계산적인 사람은 계산적으로 사랑하고, 깨끗한 사람은 깨끗하게 사랑하겠구나. 그리고 이런 생각도 들었습니다. 사람이 뭔가를 아주 좋아하면 세상만사를 그걸로 설명할 수도 있구나. 그런 말이 있지 않습니까? 돈을 좋아하는 사람 눈에는 세상이 온통 돈으로 보인다고. 그때 이후로 줄곧 제게 남은 문제는 하나였던 건지도 모르겠습니다. 무엇을 사랑할 것인가? 무언가를 사랑하면 그 무언가를 사랑하는 모습 그대로 세상을 사랑하게 되겠구나.

저는 뭔가를 깊이 좋아하는 사람은 그 하나의 사랑에 자신이 귀하게 여기는 모든 가치를 부여한다고 생각합니다. 그리고 하나의 사랑에서 출발해 세계 전체를 사랑할 수도 있다고 생각합니다. 그 하나의 사랑에서 출발해 모든 것에 대한 답을 구하려 한다고 생각합니다. 그런데 사랑은 결국 디테일입니다. 사랑하는 순간 우리는 디테일로 기억하고 기억되길 바랍니다. 사라 에밀리 미아노의 『눈에 대한 백과사전』에 나오는 한 남자의 편지에서처럼요.

나를 당신과 사랑에 빠졌던 남자로 추억하지 마십시오. 그보다는 지평선에 뜬 작은 무지개를 보여 주러 당신을 앨버타 주로 데려갔던 남자로, 스위스의 산장에서 당신에게 담배를 가르친 남자로, 당신이 자신을 괴롭힐 때마다 영국에서부터 달려왔던 남자로 기억해 주십시오. 나 역시 당신을 그런 방식으로 기억할 것입니다.

그래서 "책을 왜 읽어요?"라는 질문에 저는 무수히 많은 디테일로 답하고 싶습니다. 우리의 충동, 능력, 게으름, 타성, 우정, 불안, 고통, 회한, 슬픔, 욕망, 상상력, 기억, 위로, 정체성, 공감, 재탄생, 창조, 이 모든 것에 대해서요. 저는 이러한 디테일을 책을 통해 조금씩 배운 듯합니다. 저는 책을 읽고 한 발짝씩 나가며 거기서 배운 디테일들로 사람과 세상을 사랑하고 싶었습니다. 사랑은 그만큼 중요하기 때문입니다. 인간을 비인격적으로 취급하는 일이 만연하는 세상에서, 모든 것이 거래되는 세상에서 사랑만은 유일하게 거래할 수 없습니다. 사랑만은 돈으로 바꿀 수 없는 것이기에 인간의 존엄성과 관련됩니다. 삶은 이 세계에서 내게 벌어지는 일이라고 앞에서 말했습니다. 하지만 사랑은 "이미 벌어진 일을 어떻게 하겠어?"라며 삶을 수수방관하게 하지 않습니다.

우리에겐 오늘 당장 어떻게 살아야 할지 모르는 순간들이 있습니다. '지금, 여기'에서 어떻게 존재해야 할지 길을 잃을 때가 있습니다. 우리가 가치를 두는 것을 더 잘 사랑하기 위해서 조금씩 조금씩 나를 바꾸어 나가는 것. 이것이야말로 우리가 지금 여기서 힘 있게 존재할 수 있는 방식 아닐까요? 나의 삶은 유한

사랑하는 자의 모습으로

하지만 애쓰고 있다는 것. 그것도 네 옆에서 너와 함께 너의 영향 아래서. 누구에게나 중요한 게 있다면 바로 이런 것일 겁니다.

우리는 사랑이 변할까 두려워합니다. 사람은 그대로인데 사랑이 변한다고들 생각합니다. 하지만 저는 사랑은 그대로이고 사람이 변하는 것에 대해 말하고 싶습니다. 사랑하는 동안 우리는 변합니다. 사랑하는 그 대상과 함께 뭔가를 추구하길 바라 마지않는다면요.

글과 사랑에도 공통점이 있습니다. 즉 "그걸 어떻게 말로 다 표현해?"라고나 할까요. 누가 10억 북 퀴즈 쇼의 우승자가 될 것인가? 이제 『슬럼독 밀리어네어』처럼 이야기를 시작해 보고 싶습니다. 대답은 삶에 있습니다. 그런데 제 삶만으로는 어림 반 푼어치도 없으니 스승들의 신세를 좀 지겠습니다.

마라도나는 에밀 쿠스트리차가 만든 영화 「축구의 신, 마라도나」에서 이렇게 자기 인생을 노래합니다. "나는 수없이 많은 잘못을 했지만 축구공만은 더럽히지 않았다." 그 말이 딱 이 글을 쓰는 제 맘입니다. 제가 질문들에 대답을 잘 못할 수도 있습니다. 하지만 이 글엔 제가 결코 더럽히고 싶지 않은 것들이 많이 나옵니다. 어떻게든 지켜 주고 싶은 것들요. 그게 뭔지는 읽다 보면 알게 될 겁니다.

프롤로그

차 례

프롤로그
사랑하는 자의 모습으로 · 5

첫 번째 질문
먹고살기도 바쁜데 언제 책을 읽나요? · 21
자율성의 시간, 기쁨에 몰두하는 시간

두 번째 질문
책 읽는 능력이 없는데 어떡하나요? · 47
문자보다 삶을 바라보는 능력

세 번째 질문
삶이 불안한데도 책을 읽어야 하나요? · 61
운명보다 거대한 선택의 힘

네 번째 질문
책이 정말 위로가 될까요? · 83
슬픔을 표현하는 자기만의 형식

다섯 번째 질문
책이 쓸모가 있나요? · 103
자기 계발의 진정한 의미

여섯 번째 질문
책의 진짜 쓸모는 뭐죠? · 127
공통성의 경험, 능력자 되기, 앎의 시작

일곱 번째 질문
읽은 책을 오래 기억하는 법이 있나요? · 159
잘 잊어버리기, 손으로 기억하기, 몸으로 기록하기

여덟 번째 질문
어떤 책부터 읽으면 좋을까요? · 179
우리를 계속 꿈꾸게 하는 리스트

마지막, 비밀 질문 · 207

책 속의 책들 · 245

첫 번째 질문

먹고살기도
바쁜데
언제 책을
읽나요?

자율성의 시간,
기쁨에 몰두하는 시간

첫 번째, 두 번째 질문에 대해 답을 하려면 이 스승의 도움이 필요합니다. 저는 『여행, 혹은 여행처럼』에서 충북 음성에 사는 한 할머니를 소개한 적이 있습니다. 한충자 할머니입니다. 그녀는 고추 농사도 짓고 쌀 농사도 짓는 농부입니다.

할머니는 일흔이 넘은 뒤 처음으로 한글을 배웠습니다. 그녀가 일흔 살이 넘어서 한글을 배운 데는 사연이 있습니다. 처음 시집왔을 때는 아무도 그녀가 문맹인 걸 몰랐습니다. 남편도 몰랐습니다. 살림살이는 어려웠고 일은 끝이 없었기 때문에 새댁이 한글을 아는지 모르는지는 가족들의 관심사가 아니었습니다. 그런데 뜻밖의 일로 그녀가 문맹이란 게 밝혀집니다.

남편은 결혼하고 나서 군대에 갔습니다. 남편은 부대에서 아내에게 편지를 꼬박꼬박 썼습니다. 그런데 아무리 기다려도 답장을 받을 수가 없었습니다. 남편은 속으로 생각했습니다. '중매로 결혼해서 내가 싫은가 보다.' 마침내 남편이 휴가를 나왔습니다. 뜻밖에도 아내는 남편을 반깁니다. '내가 아주 싫은 건 아닌 모양이군.' 남편은 생각하면서 아내에게 왜 답장을 하지 않았느냐고 물었습니다. 아내는 울면서 자신은 글을 모른다고 말했습니다. 그동안 보낸 편지는 딱 한 통만 읽을 수 있었다고. 그것도 집에 놀러 온 먼 친척에게 부탁해서. 편지를 품고 많이 울었다고. 휴가를 마친 남편은 부대로 돌아갑니다. 그런데 부대에 돌아가 또 편지를 씁니다. 아내가 읽을 수 없다는 것을 알면서도요. 그때 아내는 결심했습니다. '내가 지옥에 가서라도 이놈의 한글을 배워야지. 이놈의 편지를 읽어야지.'

일흔 넘어 그녀는 노인 복지관에서 일주일에 두 번씩 3년간 한글을 배웠습니다. 그런데 졸업할 때가 되었는데도 받침을 잘 구별할 수 없었습니다. 할머니는 "아이고, 나는 한글 더 배워야 하는데 어디 더 배울 데 없어요?"라고 노인 복지회관 담당자에게 물었습니다. 담당자는 한글 쓰는 수업이 하나 있긴 있는데 그건 시 창작반이라고 했습니다. "한글을 쓸 수 있으면 뭐든지 상관없어요." 그녀는 이렇게 말하고는 시 창작반에 들어갑니다. 시가 무엇인지도 모르고서요. 그렇게 해서 그녀는 난생 처음 시를 배우게 되었습니다.

시 수업이 그녀에게 무엇이었을까요? 농부 할머니에게 서정주나 김수영 같은 시인의 시를 읽는 것이 무슨 의미가 있었을까요? 배추나 고추를 더 잘 기르게 되었을까요?

저는 그녀의 집에 따라가 봤습니다. 100살이 넘은 시어머니를 모시고 사는 여든이 넘은 할머니가 (전기세를 아끼라는 시어머니 몰래) 밤마다 불을 켜고, 돋보기 안경을 끼고, 시를 쓰고, 그 시를 큰 소리로 읽는 것을 누가 상상이나 할 수 있겠습니까? 그렇지만 그녀는 그렇게 하고 있었습니다. 시를 쓴 뒤 할머니의 삶은 변했습니다. 자꾸만 보게 된다는 거죠. 나뭇잎 하나라도 자꾸만 들춰 보게 된다는 거죠.

그녀에겐 돌아가신 친정어머니에 대한 기억이 있습니다. 친정어머니는 시집간 딸을 딱 한 번 찾아왔습니다. 친정어머니는 딸의 시댁 식구가 어려워서 방 안에 들어가지도 못하고 마당에 서서 외손자만 안고 있다가 딸이 옆집서 얻어 온 국수 한 그릇 후루룩 서서 드시고는 집으로 돌아갔습니다. 그리고 이내 돌아가셨습니다. 그 친정어머니도 할머니의 시 속에서 젊고 건강한 모습으로 살아납니다. 젊은 어머니는 머리에 광주리를 이고 아지랑이 낀 길을 걸어가지요.

한충자 할머니는 자신을 무식한 시인이라고 부릅니다. 저는 『여행, 혹은 여행처럼』에서 이런 표현을 썼습니다. "무식하다는 것은 뭘까? 배운다는 것은 뭘까? 아무런 대가도 바라지 않고 노력한다는 것은 뭘까? 농사꾼이 밤에 시를 지으면 그 시는 농사꾼의 낮도 바꿔 놓을 수 있을까? 일하고 돌아온 사람들에게 밤의 시간은 무엇일까? 먹고 자고 쉬는 것 말고 우리도 밤의 시간에 뭔가를 한다면 그것이 또 우리를 어떻게 바꿔 놓을 것인가? 아무것도 당연시하거나 무심코 보아 넘기지 않는다면 그런 탐구와 관심이 우리를 어떻게 바꿔 놓을 것인가? 할머니들이 글자에 눈이 멀어 있었다면 우리들은 지금 무엇에 눈멀어 있는 걸까? 이제 우리가 눈멀었던 그 무엇에 눈을 뜬다면 우리 역시 얼마나 기쁠 것인가?"

저는 또 이렇게도 썼습니다. 내가 따라 하고 싶고 배우고 싶은 삶이 작은 농촌 마을에 있을 수 있는, 그리고 도처에 있을 수 있는 가능성에 대해서 너무 오랫동안 생각을 하지 않은 것을 후회하고 있으며 다시 인간 본성에 대해 생각해 보게 되었다고요. 알려는 본성, 배우려는 본성, 표현하려는 본성, 그런 것들은 분명히 우리 안에도 존재하고 있고 우리 곁을 스쳐 가기도 한다고요.

그러고 보니 제 지인 한 분은 뭔가 알려고 하지 않는 인간을 지금까지 한 번도 본 적이 없다고 말했습니다. 여든 살이 넘은 자기 어머니조차 텔레비전을 보다가 전경들이 나오면 저 사람들은 왜 저기 서 있는 거냐고 묻는다면서요. 인간성 안에는 스스로 궁금해하는 주체가 있다고요. 한 영화 감독은 이런 말을 했습니다. 나쁜 영화의 가장 큰 특징은 "너희들은 바라보기만 해. 보여 주는 건 우리가 다 할 테니."라며 관객들을 구경꾼, 수동적인 인간으로 만드는 영화라고요. 그런 영화는 인간성에 위배된다고요.

저는 한충자 할머니를 보면서 배움이란 무엇인가에 대해 다시 생각했습니다. 이 글을 쓰는 지금도 할머니의 작은 몸과 아기별 같은 눈빛이 생각납니다. 그녀는 들판에 핀 한 송이 작은 꽃처럼 웃었지요. 그런데 한충자 할머니에게는 한글을 배우면 가장 먼저 써 보고 싶었던 단어 하나가 있었습니다. 그 글자는 자그마치 50년 동안 써 보고 싶었던 것이었습니다. 그녀는 50년 만에 남편에게 답장을 썼습니다.

"당신을 사랑합니다. 내가 한글을 읽지 못한다는 것을 알면서도 계속 편지를 보낸 당신."

"먹고살기도 바쁜데 언제 책을 읽나요?"라는 질문으로 돌아갈까요? 책 읽을 시간이 없다는 말을 들으면 저는 원래 장기하의 노래 「TV를 봤네」를 들어 보라고 말하려 했어요. 그 노래 가사 아세요?

눈이 시뻘개질 때까지 TV를 봤네.
아아아 그냥 봤네.
(중략)
일단 하는 동안에는 도대체 만사 걱정이 없는데
아아아 만사 걱정이 없는데

왜 자막이 올라가는

그 짧디짧은 그 시간 동안에는

하물며 광고에서 광고로 넘어가는

그 없는 거나 다를 바 없는 시간 동안에는

할머니는 시를 읽고 쓰는 시간이 기다려진다고 합니다. 시 창작반에 나오는 날은 아침부터 서두르게 된다고 합니다. 설거지도 좀 빨리 하게 된다고 합니다. 왜 그럴까요? 스스로 원해서, 스스로 기뻐서 하는 일이기 때문이겠지요. 우리도 자신이 원하는 일을 할 때는 시간이 어떻게 가는지 모릅니다. 이것이 바로 학자들이 말하는 '자율성의 시간'입니다. 그런데 이 자율성의 시간을 저는 좀 다른 이름으로도 부릅니다. 그 이야기를 하기 전에 이야기를 하나 먼저 들려 드리겠습니다.

지난해 늦여름 저는 라디오 다큐멘터리 취재차 황학동 벼룩시장에 갔습니다. 여러분 중에도 그곳에 가 보신 분이 있는지요? 어느 아낙이 식지 말라고 아랫목 이불 속에 파묻어 두곤 했을 법한 놋쇠 그릇, 누군가 탐내며 바라봤을 옛날 소주, 농부의 손에 들려 있었을 꽹과리, 어느 소년이 연주했을 바이올린, 어느 미군이 잠자리에서 들었을 라디오, 어느 숙녀가 고향 떠날 때 누군가 목에 감아 줬을 법한 스카프, 어느 집 식탁에 놓여 있었을 유서 깊은 주전자, 도시락 통, 프라이팬, 재떨이, 전당포에 몇 번 들락거렸을 것 같은 손목시계. 이런 물건들이 한 가족의 흥망성쇠를 몸에 다 새기고 이젠 벼룩 시장에 누워 있었습니다. 다시 새로운 주인에게 몸을 맡기려는 그 물건들은 참으로 담담해 보였습니다. 누구도 광휘를 뽐내지 않았습니다.

골목은 좁고 어수선했지만 쓸모없는 물건들의 집하장은 아니었습니다. 차라리 마술 가게 같았습니다. 저는 라디오를 수리하는 가게에 들어섰습니다. 이제 노년에 들어선 가게 주인은 무척 바빴습니다. 진공관 라디오를 한 대 고치고 있었는데 잘되지 않는 눈치였습니다.

테이블 위에는 납땜 도구와 재떨이로 쓰이는 초록 매실 주스 병 하나가 놓여 있었습니다. 가게 주인 옆에는 회색빛이 도는 연푸른색 양복을 입은, 약간 마른 중년 남자가 담배를 피우고 있었습니다. 전 처음에 그 양복 입은 사내가 라디오 수리를 맡긴 손님인 줄 알았습니다. 그런데 둘은 별말 없이 계속 진공관 라디오를 들여다보면서 이 방법을 써 보기도 하고 저 방법을 써 보기도 하면서 소리를 체크합니다. 그들이 사용하는 도구는 너무나 간단하고 단순했습니다. 주인은 저에게 용건이 뭐냐는 듯한 표정을 보였습니다.

"저는 라디오 PD인데 라디오에 대해서 좀 알고 싶어서……."

주인은 제가 손님이 아니란 걸 알자 좀 짜증을 내면서 귀찮아했습니다. 저는 빈 의자에 앉아서 주인이 일하는 걸 가만히 지켜봤습니다. 라디오에선 "You need me"가 흘러나오고 있었습니다. 몇십 분이 흐르자 주인은 제게 말했습니다.

"내가 지금 바빠요. 이 라디오를 고쳐야 하는데 잘 안 돼요. 나중에 와요."

"한 시간쯤 후에 오면 될까요?"

"그래요."

저는 가게를 나왔습니다. 옆 가게로 갔습니다. 옆 가게도 라디오를 팔고 있었지만 번쩍거리는 굵직한 손목시계들이 더 많았습니다. 저는 그 가게 주인에게도 라디오에 대해 좀 알고 싶다고 말했습니다.

"내가 지금 바빠요. 라디오 이야기도 잘 팔릴 때나 나오지 지금 같아선……."

한 사람은 라디오를 고치지 못해서 스트레스를 받고 있었고 한 사람은 라디오를 팔지 못해서 스트레스를 받고 있었습니다. 두 스트레스는 달랐습니다. 한 사람의 스트레스는 하나의 라디오를 고치면 해결되는 것이었습니다. 그러나 다른 사람의 스트레스는 몇 대의 라디오를 팔아야 해결될지 알 길이 없는 것이었습니다. 저는 어느 사람의 마음이 더 기쁨에 가까울지 짐작할 수 있었습니다. 어쨌든 저는 둘 다에게 아무런 도움도 될 수 없었기 때문에 그곳을 떠나야만 했습니다. 하지만 약속한 대로 한 시간 뒤에 첫 번째 가게로 다시 갔습니다.

첫 번째 질문

저는 가게 문밖에서 안을 살펴봤습니다. 주인은 한 시간 전 그대로 몸을 잔뜩 구부리고 진공관 라디오를 고치고 있었습니다. 연푸른 양복을 입은 친구도 한 시간 전 그대로 서서 진공관 라디오를 들여다보고 있었습니다. 그 둘은 한 쌍처럼 보였습니다. 하긴 친구란 원래 두 육체 안에 있는 한 영혼이라고 볼 수도 있으니 그 둘이 오른팔과 왼팔, 오른 뇌와 왼 뇌, 오른 눈과 왼 눈처럼 보였던 것도 그리 이상할 것은 없는 것 같았습니다.

주인 머리 위에 전기스탠드가 켜 있었습니다. 노란 불빛이 흘러나와 그의 머리와 어깨를 지나 라디오에 흩뿌려지고 있었습니다. 삼각 고깔처럼 퍼지는 불빛은 어딘지 비현실적인 정취를 풍겼습니다. 어려서 읽은 동화 중에 구두쟁이 영감을 위해 밤마다 구두를 수선하는 요정 이야기가 생각났습니다. 제가 읽은 그림책 속에 나오는 한밤의 요정들도 노란 불빛 아래 구두를 꿰매고 있었죠. 저는 일에 빠져 있는 주인 머리 위를 지켜 주는 노란 불빛과 불빛 곁에 요정처럼 말없이 서 있는 친구를 보면서 이 가게 주인은 정말 장인이구나, 하는 생각을 했습니다. 그리고 제가 크리스마스 엽서 속에 들어가 있는 것처럼 느껴졌습니다. 창밖은 추운데 적어도 그날만은 집 안이 마음속 소원으로 꽉 차서 환합니다.

제 눈에 가게 주인은 저잣거리의 에디슨 같아 보였습니다. 그가 일에 빠져 있는 걸 지켜보자니 더욱 말을 걸어 볼 수가 없었습니다. 저는 그를 보면서 우리가 살면서 느끼는 비참함의 정체에 대해 생각해 봤습니다. 속으론 자기 자신에게 아무것도 없다고 느끼면서도 겉으론 뭔가 있는 것처럼 굴 때 거기서 비참함이 나옵니다. 가게 주인의 상황은 반대였습니다. 겉으로 보기에 가게는 허름했어도 주인에겐 기품이 느껴졌습니다. 그 품위는 가게 주인이 보낸 시간에서 나오는 것처럼 느껴졌습니다.

저는 아마 그 순간 주인이 시간을 보내는 방식에 꽤나 매료되었던 듯합니다. 단순한 듯하면서도 꽉 찬 몇 시간을 지켜본 기분이었다고나 할까요? 자율성의 시간이란 바로 그런 것이 아닐까요? 자발성과 주의력과 우아함이 가득한 고밀도의 시간 같은 것이 아닐까요?

우리에게도 시간이 있습니다. 하루의 끝에 장기하의 노래에서처럼 이리저리 채널을 돌리다가 스르르 잠이 들 수도 있겠지요. "아, 지루해!" 하고 잠들 수도 있겠지요. 저는 그렇지만 지루함에 대해선 이렇게 말하고 싶습니다.

지루하다는 말이 많이 나오는 소설들이 있습니다. 모파상의 『벨아미』나 스탕달의 『적과 흑』 같은 소설들입니다. 『적과 흑』에서 성공을 위해 파리로 올라온 청년 쥘리엥 소렐은 지루하다는 말을 자주 합니다. 그 단순한 말은 소설 속에서 무척 무겁고 우울하게 느껴집니다. 그것은 "지루해."라는 말 한마디 안에 돈과 성공만을 최고 가치로 강요하는 사회의 모습과 거기에 굴복하고 마는 인간이 겪는 마음의 황량함이 담겨 있기 때문입니다. "정말 오늘 저녁은 지루하기 짝이 없군."이라는 말을 할 때 우리 안에도 어떤 패배감(아마도 결국 이 사회가 요구하는 대로 맞춰서 살아가는 도리밖에 없겠지, 그것 말고 달리 무엇을 할 수 있겠어, 그것만으로도 힘들어, 뭐 즐거운 일이 있겠어, 라고 되뇌이게 하는 그런 패배감.)이 이미 깃들어 있을 수 있습니다.

우리에겐 일정표가 있습니다. 월요일엔 친구를 만나고, 화요일엔 미장원에 가고, 수요일엔 사우나에 가고, 목요일엔 한잔하고, 금요일엔……. 오스트리아 작가 토마스 베른하르트는 하나의 흥미에서 다른 흥미로 끝없이 관심사를 옮겨 가기만 하는 그런 삶을 '코미디'라고 불렀습니다.

베른하르트의 단편 「야우레크」에서 주인공 남자의 어머니는 자살을 했습니다. 어머니의 자살은 외삼촌과 관계가 있습니다. 외삼촌은 야우레크 탄광의 운영자인데 남자는 그 탄광 회계과에서 일합니다. 그는 외삼촌을 증오하고, 자신의 어머니를 파멸시킨 외삼촌을 똑같이 파멸시키고 싶어 합니다. 하지만 실제로 그가 하는 일이라곤 고작 하루는 카드놀이를 하고 하루는 이발소에 가는 겁니다. 매일 저녁 근무 시간이 끝나면 자신을 절망 속에 내버려 두지 않는 어떤 일이 생기곤 하는 것에 안심합니다. "내 삶은 실제로 절망적인 삶이라는 사실에 대한 역겨움을 견뎌 낼 수 있는 어떤 일을 기대"하는 것, 그러기 위해 "늘 기분 전환이 되거나 관심을 돌릴 만한 일을 준비"하는 게 그의 일상입니다. 이를테면 이런 겁니다. 지난 금요일엔 책을 한 권 사고, 지난 화요일엔 영양

가 있고 맛있는 음식을 사 먹고, 편지를 쓰기도 하고, 곱셈과 나눗셈을 하기도 하고, 심령술이나 지구 물리학 공부를 하면서 관심을 다른 곳으로 돌리기도 하고, 독백을 하기도 하고.

그러다가 변한 것이 있습니다. 바로 비극의 성격이 변합니다. 복수를 못 하는 게 비극이 아니라 야우레크 채석장 사람들과 잘 지내기 위해 그저 그들을 웃길 궁리나 해야 하는 것이 그의 비극이 되는 거지요. 비극인 이 삶이 코미디가 된 이유는 무엇이었을까요? 모든 것이 비극인데 어떻게 코미디가 될 수 있을까요? 이런 것이 소위 말하는 '부조리'일까요?

코미디에 관해선 악명 높은 이야기가 한 가지 있습니다. 어떤 노동자가 있는데 그 노동자의 일은 2~3초에 한 번씩 레버를 잡아당기는 것이었습니다. 그런데 그 레버는 사실 수년간 헛돌고 있었던 거죠. 이 사실을 알게 된 노동자는 그만 신경쇠약에 걸렸다는 이야기입니다. 이 이야기는 그 노동자에겐 미안하지만 듣는 사람 힘 빠지게 하면서 허탈하게 웃깁니다.

베른하르트가 삶을 코미디라고 말할 때 실은 이와 같은 삶의 헛수고에 대해서 말하고 싶었던 걸까요? 많은 에너지를 쏟아붓지만 결국은 아무것도 얻는 게 없는, 아무것도 변화시키지 않는 그런 헛수고에 대해 말하고 싶었던 걸까요? 나날의 단조로움을 피하려는 것이 목적인 시간, 스트레스를 푸는 것이 목적인 시간, 삶에 문제가 있어도 문제를 잊어버리는 것이 목적인 시간들로 촘

촘히 일정표를 짠다면 우리 삶도 비극이자 코미디가 되어 버리는 걸까요? 그렇다면 "웃길 궁리" 대신 무엇에 몰두해야 할까요?

어떻게 삶의 일정표를 짜야 할까요? 많은 사람들은 바쁘다 바쁘다 하는데 대체 어떻게 일정표를 짜는 걸까요? 저는 이 단편을 읽은 후 풀지 못한 많은 궁금증을 안고 살았습니다. 그런데 라디오 가게 주인의 몰두하는 모습을 지켜보다가 이런 생각이 들었습니다. 혹시 우리가 '기쁨'에 몰두해 본다면 어떨까 하고요. 기쁨에 몰두하는 시간을 갖는다면 우리에게 어떤 변화가 있을까 하고요. 그 시간 동안 돈을 벌지 못해도 충분히 휴식하지 못해도 우린 자기 자신을 키울 수 있지 않을까 하고요.

저는 그 가게 주인을 본 뒤로 자율성의 시간을 '나를 키우는 시간'이라고 바꿔 부르기 시작했습니다. 그 시간 동안 우린 내 자아의 장인이 되어 보는 겁니다. 우린 장인이란 말을 노동에 관해서만 쓰고 있지만 이번엔 장인이란 말을 자기 자신의 영혼에 써 보는 겁니다. 오래되어 부서진, 쓸모없게 된 라디오를 연구하듯 자기 자신을 연구해 보는 겁니다. 영혼에도 납땜질을 해 보는 겁니다. 자기 자신에게서 더 나은 소리가 나오도록 자신이 이미 알던 것들, 익숙한 것들을 이리저리 재배치해 보는 겁니다.

버트런드 러셀은 이런 말을 했습니다. "마치 정원사가 어린 나무를 보듯이 인간은 어린아이를 본다. 특정한 내재적 속성을 가진 존재, 적절한 토양과 공기와 빛이 제공되면 시간이 흐르면서 놀랄 만한 성장을 이룰 존재로 간주하는 것이다."(사실 다행스럽게도 우리 마음속엔 어린아이가 몇 명씩 들어 있습니다. 떼쓰는 어린아이, 겁에 질린 어린아이, 놀고 싶은 어린아이 등등.) 우리도 어린아이를 기르듯, 한 그루 나무를 가꾸듯 물도 주고 거름도 주면서 자신을 키워 보는 겁니다. 우리에겐 이렇게 '나를 키우는 시간'이 꼭 필요합니다. 언제부턴가 삶 전체가 원하지 않는 시간들, 아무 재미도 없는 무의미하고 무료하고 피로한 시간들, 비극이자 코미디인 시간들로 채워지고 있기 때문입니다. 그래서 우리는 이 삶은 내가 원한 삶이었다고 말하기가 점점 힘들어집니다.

더구나 자기 자신에게 무관심한 것은 좋은 일이 아닙니다. 자신에게 무관심하다 보면 사회나 타인이 나를 마음대로 하도록 내버려 두면서, 그저 자신은 희생자이자 피해자라고 생각하기 십상입니다. 자신을 피해자라고 생각하는 순간 우리는 타인의 동정에 숨거나 억울함이나 자기 연민에 빠져듭니다. 그래서 '나를 키우는 시간'은 더더욱 필요합니다.

이 시대의 노동은 자아실현도 인간적 고양의 기회도 주지 못합니다. 우리는 자신의 스펙을 쌓아 가는 자기 계발을 자아실현이라고 믿고 삽니다. "아아, 자아실현 너무 힘들어. 그만하고 쉬고 싶어." 이런 이상한 말이 아무렇지 않게 쓰인다는 게 우리 시대의 비극이자 코미디입니다. 노동은 이제 스트레스, 불안, 우울의 원인이고 먹고살기 위해 마지못해 하는 것이 되어 가고 있습니다. 이것은 분명히 슬픈 일입니다. 누군들 쓸모 있는 사람이 되고 싶지 않겠습니까? 누군들 직장에서 대체 불가능한 유일한 사람으로 살아 보고 싶지 않겠습니까? 누군들 일을 하면서 자아가 확장되는 기쁨을 원하지 않겠습니까? 누군들 잠자리에 들면서 뿌듯한 기분으로 충만한 미소를 짓고 싶지 않겠습니까? 그런데 우린 일할 맛이 싹 사라져 버리게 하는 상황에 수시로 빠집니다. 그런 일을 몇 번 겪다 보면 누구라도 환멸감에 빠져들 수밖에 없습니다. 고작 이것이 삶이란 말인가, 라고 생각하게 됩니다.

후지와라 신야의 『돌아보면 언제나 네가 있었다』에는 N이란 남자가 나옵니다. N은 석유 회사 직원입니다. N은 어려서 신문 배달을 하며 어렵게 공부를 했습니다. 배달을 마치면 학교 가기 전 공원 그네에 앉아 빵과 우유를 먹었습니다. 그 짧은 시간이 N이 유일하게 홀로 여유를 갖고 생각이란 것을 해 볼 수 있는 시간이었습니다. 그 후 N은 취업에 성공합니다. 그렇지만 매일매일 눈을 부릅뜨고 석유 가격 동향을 살피다 보면 거액의 머니 게임을 하는 놈들에게 농락당하는 기분이 들었고 일상이 육체적, 정신적으로 관리당하는 느낌이 들곤 했습니다. 바쁘다 보니 가족들과도 멀어진 듯했습니다. 그 상태가 앞으로도 계속될 거라고 생각하면 귀신에라도 홀린 듯 회사를 그만두고 싶어지곤 했습니다. 그렇다고 딱히 도망갈 곳이 있는 것도 아니어서 N은 어디에도 속하지 못하고 붕붕 뜬 채로 살게 되었습니다.

N은 어느 날 보통 때보다 집에서 일찍 나와 첫 전철을 타고 시부야 거리로 갔습니다. 전철역 근처에서 그는 어떤 냄새를 맡았습니다. 이상한 말일지 모르지만 몹시 그리운 냄새였습니다. 무슨 냄새였을까요? 그날 시부야 거리에서 N은, 바로 공원 그네에 앉아 빵과 우유를 먹던 그 짧은 사색의 시간에 맡았던 그 냄새를 다시 맡은 것이었습니다. 그 뒤로 그는 집에는 핑계를 대고 매일 아침 첫 전철을 타고 시부야 거리에 나가게 되었습니다. 그러면 그때만큼은 자유로운 부랑자가 된 기분이 들었고 도시의 흐름도 다르게 느껴졌습니다.

그 일 이후로 그는 자기만의 수첩을 만들기 시작했습니다. N은 그것을 스텔스 수첩이라고 불렀습니다. 스텔스는 적의 레이더에 잡히지 않기 위해 자신을 감추는 기술입니다. 수첩의 오른쪽과 왼쪽에는 같은 주의 같은 요일이 짝을 이뤘습니다. 업무용 페이지와 자신의 페이지를 나눠 놓은 것입니다. 그래서 1년치 한 권에 730일분의 공간이 있습니다. 그는 하루 중에 아무에게도 팔아넘기지 않는 자신만의 시간들, 그 시간에 본 것들을 수첩에 기록했습니다. 자신만을 위한 시간을 시부야에서 찾아낸 것처럼 수첩 속에도 자신이 머물 곳을 만든 것입니다.

토요일, 일요일, 짧은 여행, 혹은 퇴근 후의 시간, 이런 짧은 여유 시간은 내일의 노동력을 재생산하기 위한 휴식의 시간이기만 한 것이 아닙니다. 잘 먹고 푹 자 둬야 하는 시간이기만 한 것이 아닙니다. 인간에게는 어떤 갈망이 있기 때문입니다. 우리에겐 비참함과 모욕을 참아야 하는 순간, 굽실거려야 하는 순간, 먹고사는 것을 해결해야 하는 시간, 기계적으로 단순하게 흘려 보내는 시간도 있지만 밤잠을 자지 못하고 새벽녘에 깨어 있는 시간도 있습니다. 하나의 상품으로 여겨지고 싶지 않다는 것, 명령에 따라 꾸역꾸역 살고 싶지 않다는 것, 인간적인 삶을 포기하고 싶지 않다는 것, 나도 꿈을 펼치고 싶다는 것, 내 손으로 기쁨을 창조해 보고 싶다는 것, 어떻게 해서든 인간적으로 좀 더 훌륭해지고 행복해지고 싶다는 것. 우리를 잠 못 들게 하는 갈망 안에는 이런 마음들이 떠돌고 있습니다.

노동에서 소외될수록 자유롭고 인간답게 살고 싶다는 꿈은 더욱더 간절합니다. 어느 이주 노동자가 고된 노동 후 휴식 시간에 벽에 기대어 기타를 치며 웃을 때 그 미소 안에는 인간적 구원의 가능성이 담겨 있습니다. 그 구원의 가능성은 시키는 대로 일만 하고 살지 않겠다는 것입니다. 어느 직장인이 일요일마다 친구들과 산에 오를 때 그가 호흡하는 공기 안에는 인간적 동경이 아른거립니다. 그 동경은 꾸미지 않고 자연스럽고 순수한 것과 마주 서고 싶다는 것입니다.

인간은 대체로 사회가 요구하는 대로 살지만 그러나 또 그렇게 살고 있는 것만도 아닙니다. 어떻게든 삶 속에서 잃어버린 것을 찾으려 애쓰고 있습니다. 시인 세사르 바예호는 "돌아가고픈, 사랑하고픈, 존재하고픈 욕망"에 대해서 시를 쓴 일이 있습니다. 그것들을 "비수에 새겨진 꿈"이라고 불렀습니다. 이것이 우리를 잠 못 들게 하는 아름답고도 날카로운 꿈들입니다.

'나를 키우는 시간'은 시간의 척추입니다. 우리 몸에도 척추가 있지만 시간에도, 영혼에도 척추가 필요합니다. 그런 시간이 없다면 우린 사는 게 아니라 살아질 것입니다.

말하기 부끄럽지만 저에게도 '나를 키우는 시간'이 있습니다. 바로 새벽 3시입니다. 저는 「새벽 3시 책 읽기」란 칼럼을 연재 중인데 연재 후 지금까지 가장 많이 받은 질문은 칼럼 내용에 대한 것이 아니고 정말로 새벽 3시에 책을 읽고 글을 쓰냐는 것이었습니다. 저는 그때그때 눈치껏 대답합니다. 불면증 환자들에겐 그렇다고 대답하고 잠이 많은 사람들에겐 그렇지 않다고 대답합니다. 진실은 한 달에 한두 번은 그 시간에 글을 쓴다는 겁니다.

돌이켜보면 그 시간은 행복한 경험이었습니다. 새벽 3시는 어중간한 시간입니다. 무슨 일을 새로 시작할 수도 없고 친구에게 잘 있었어, 하고 안부 전화를 걸 수도 없습니다. 도시도 그때만큼은 좀 덜 복작댑니다. 정지된 시간에 가깝습니다. 나중에 보니 보들레르도, 새벽 3시는 아니지만, 새벽 1시를 가리켜 자기 자신 말고는 자신을 괴롭힐 게 아무것도 없는 시간이란 표현을 썼더군요. 저에게 새벽 3시는 모든 가면을 벗는 시간입니다. 그때만큼은 시간이 직선으로 흐르지 않고 둥근 원으로 흐릅니다. 그 시간에 저는 제게 일어났던 일을 다시 생각하고 다시 경험해 볼 수 있습니다. 원인과 결과로 이어진 단선적 시간은 사라지고 대신 그 자리에 입 밖으로 내 본 적 없는 말, 상상으로만 오갔던 말, 결코 들으려 하지 않았던 말들이 등장합니다.

    저는 어디선가 "사랑하는 연인이 어디에다 입을 맞출지 몰라서 온몸을 떠는 존재"란 글귀를 읽은 적이 있는데요. 어디서 읽었는지 어떤 맥락에서 나온 표현이었는지는 기억하지 못해도 그 구절만큼은 묘하게도 잊지 못하고 있습니다. 새벽 3시의 영혼이 바로 그렇습니다. 삶의 온갖 해법과 꼭 해야 할 일, 아쉬운 일, 용서하거나 용서받아야 할 일들이 제 삶에 부드럽고 다정하게 입 맞추러 오고 저는 떨면서 기다립니다. 그 새벽 3시에 자주 읽던 시가 있는데 좀 길지만 소개해도 되겠지요?

    인간은 슬퍼하고 기침하는 존재.
    그러나, 뜨거운 가슴에 들뜨는 존재.
    그저 하는 일이라곤 하루하루를 연명하는,
    어두운 포유 동물, 빗질할 줄 아는
    존재라고
    공평하고 냉정하게 생각해 볼 때……

    노동의 결과로
    서서히 만들어진 것이 인간이며,
    상사이며, 부하인 존재.

(중략)

인간이 때로 생각에 잠겨
울고 싶어 하며, 자신을 하나의 물건처럼
쉽사리 내팽개치고,
훌륭한 목수도 되고, 땀 흘리고, 죽이고
그러고도 노래하고, 밥 먹고, 단추 채운다는 것을
어렵잖게 이해한다고 할 때……

인간이 진정
하나의 동물이기는 하나 고개를 돌릴 때
그의 슬픔이 내 뇌리에 박힌다는 점을 고려해 볼 때……

인간이 가진 물건, 변소,
절망, 자신의 잔인한 하루를 마감하면서
그 하루를 지우는 존재임을 생각해 볼 때……

내가 사랑함을 알고,
사랑하기에 미워하는데도,
인간은 내게 무관심하다는 것을 이해한다고 할 때……

인간의 모든 서류를 살펴볼 때,

아주 조그맣게 태어났음을 증명하는 서류까지
안경을 써 가며 볼 때……

손짓을 하자 내게
온다.
나는 감동에 겨워 그를 얼싸안는다.
어쩌겠는가? 그저 감동, 감동에 겨울 뿐……

— 세사르 바예호, 「"인간은 슬퍼하고 기침하는 존재……"」

　새벽 3시에도 고개를 들면, 다시 인간이 보이는데요. 어쩌겠습니까? 그 밤에도 그저 반가운데요. 그 밤에 인간들은 낮에는 본 적 없는 새로운 표정들을 짓고 있는데요. 울 듯한, 미소 짓는 듯한, 손 내미는 듯한.

　자신을 키우는 시간을 갖는 것이 쉬운 일은 아닙니다. 삶 전체가 불만족스러울 때는 더욱더 조급해집니다. 모든 게 너무 빨리 변하는 세상에 살기 때문에 장기 계획을 세운다는 건 생각하기 힘듭니다. "오늘을 잡아라."라는 말은 바겐세일 때나 듣습니다. "서른에 이립, 쉰에 지천명" 같은 공자님 말씀은 고루하게 느껴집니다. 니코스 카잔차키스는 10년 뒤의 이상적인 네 모습을 상상하고 그것을 위해서 노력하라고 했지만 10년 뒤엔 내가 다닐 회사가 없어질지도 모르는 판국에 누가 먼 미래를 위해서 노력을 할 수 있겠습니까? 조금만 쓸데없는 짓을 하면 뒤처진다는 생각이 드는 마당에요. 조급함과 여유 없음은 우리 시대의 특징이고 그것은 불안에서 나옵니다. 그런데 마음은 급하고 쫓기는데도 원하지 않는 일을 하기 때문에 아이러니하게도 시간은 길고 지루하고 따분하게만 느껴집니다.

우리에겐 의지가 필요합니다. 의지가 어떻게 생기는가 깊이 성찰했던 사람 중 하나인 아우구스티누스의 말을 빌리자면 의지는 명령 때문이 아니라 영혼의 무게, 즉 사랑 때문에 생기는 것입니다. 우리도 영혼의 무게로 치자면 결코 가볍지 않습니다. 영혼을 단단한 핵처럼 품고 있기 때문에 사람들은 하나하나 고유한 행성이 되고 또 그만한 무게와 자신만의 중력을 가지게 되는 것입니다. 우리에겐 맘껏 세상에 흩뿌려 보지 못한 사랑의 무게, 열정의 무게가 있습니다. 우리는 의지 때문에 편안함을 잃게 될 수도 있고, 단잠을 자지 못할 수도 있고, 수입이 줄어들 수도, 쓸쓸해질 수도 있을 것입니다. 그러나 뭔가에 사로잡힌 사람은, 그리고 그것을 수단으로만 생각하지 않는 사람은 확실히 현실을, 그리고 시간 자체를 다른 방식으로 경험합니다.

배워서 새로 알게 되는 것들이 삶 속에서 내뿜는 에너지는 반드시 존재합니다. 그 에너지들이 시간을 채웁니다. 자기가 사랑하는 것을 사랑하는 데 쓴 시간들은 다시 자기 자신을 만듭니다. 성공이나 명성을 만드는 것이 아니라요. 결국 나를 키우는 시간

첫 번째 질문

에는 내가 '한 성공한 인간으로 사느냐 마느냐'의 문제가 아니라 '한 인간으로 사는 데 성공하느냐 마느냐'의 문제가 걸려 있는 것입니다.

  한충자 할머니 역시 자신을 키우는 시간을 가졌습니다. 배추만 키우는 게 아니라 자신을 키웠습니다. 한충자 할머니는 강박적으로 시(時)테크를 하는 게 아니었습니다. 뭔가를 잊기 위해서, 잠시 눈을 딴 데로 돌리기 위해서 시를 읽고 쓰는 시간이 필요한 것도 아니었습니다. 그녀는 저에게 "너는 하루 중에 자신에게 의미가 있는 시간을 얼마나 보내고 있느냐?"란 질문을 다시 던져보게 했습니다. 한 권의 책을 읽는 것은, 그것도 누가 시켜서가 아니라 내 손으로 직접 골라서 읽는 것은, 하지 않아도 되는 것을 스스로 '굳이' 해 보는 경험입니다. 바로 자기 자신을 키워 보는 경험입니다. 나를 키우는 시간은 내가 한 인간으로 생생하게 살아 있다고 느낄 만한 시간입니다. 생생하게 산다는 것은 어떤 것일까요? 뒤에서 곧 다시 이야기하겠습니다.

두 번째 질문

책 읽는
능력이 없는데
어떡하나요?

문자보다
삶을 바라보는 능력

저는 책 읽는 능력이 따로 있다고는 생각하지 않습니다. 우선 오늘날 능력이란 말에 오해가 있다는 말부터 하고 싶습니다. 능력이라는 말은 많은 경우 상투적으로 쓰입니다. 능력이 경쟁력이란 뜻으로 축소될 때 그렇습니다. 능력을 성공이나 유명세, 돈과 바꿀 수 있는 결과와 관련해 생각할 때 그렇습니다. 그런데 가만히 생각해 보면 돈이 되지 않아서 그렇지 우리에겐 많은 능력이 있습니다.

저에게도 꽤 독특한 능력이 있습니다. 첫눈 오는 날엔 꼭 새벽에 깨는 능력입니다. 초겨울에 갑자기 공기가 이상해서 일어나면 창밖에 그해의 첫눈이 내리고 있는 겁니다. 저는 이 능력이 솔직히 자랑스럽습니다. 저 같은 능력을 가진 사람을 아직까지 본 적이 없습니다. 제가 자랑을 했더니 제 친구는 그건 능력이 아니야, 라고 합니다. 저는 분개해서 왜 능력이 아니냐고 물었지요. 그랬더니 친구는 이렇게 대답합니다. "그건 능력이 아니야. 그건…… 초능력이야." 비록 악당을 퇴치하진 못해도 졸지에 저는 3등급 슈퍼 영웅의 자격을 얻었습니다.

그런데 곰곰이 생각해 보면 누구나 그런 초능력은 갖고 있지 않을까요? 자본적 가치도 없고 쓸모도 없지만 자신에게만 있는 고유한 능력 말입니다. 이런 능력이 있다는 것을 잊지 않는 것은 중요합니다. 루소는 『인간 불평등 기원론』에서 이렇게 말합니다.

> 노래를 가장 잘 부르거나 춤을 가장 잘 추는 사람, 가장 아름다운 사람, 가장 힘이 센 사람, 가장 솜씨가 좋은 사람, 가장 말을 잘하는 사람은 가장 존경을 받게 되었는데, 바로 그것이 불평등과 악덕으로 향한 첫걸음이었다. 이러한 최초의 선호로부터 한편으로는 허영심과 경멸이, 다른 한편으로는 수치심과 선망이 유래했는데, 그 새로운 누룩곰팡이에 의한 발효는 마침내 행복과 순수에 치명적인 화합물을 발생시켰다.

자신을 중시하라면서도 계속 남과 비교하게 만드는 이상한 세상에 살면서 자존감을 잃지 않으려면 자신에게 있는 고유함을 하찮게 여기지 않아야 합니다. 사람들은 흔히 자신이 별 능력이 없다고 생각합니다. "나는 사는 데 아무 능력이 없는 것 같아."라고 말합니다. 우리가 자신을 능력이 없다고 생각하는 것에는 몇 가지 원인이 있겠지만 저는 그중에서 소외에 대해 말해 보고 싶습니다.

우리는 "나 소외감 느껴."라는 말을 자주 합니다. 가만히 생각해 보세요. 언제 그런 말을 하지요? 나만 빼놓고 다들 끼리끼리 잘 지내는 것 같을 때 하는 말 아닌가요? "너희들은 카톡을 하는데 나는 문자를 하는구나. 정말 소외감을 느껴."라고 말하기도 하고 "내 친구들은 여름에 해외여행 가는데 나는 일만 하는구나. 정말 소외감 느껴."라고 말하기도 합니다.

그렇지만 이와는 다른 중요한 소외 개념이 있습니다. 저는 이것을 앙드레 고르에게 배웠습니다. 소외된 개인은 "내가 이것을 원해도 될까?"라는 '도덕적 질문'에 대해 항상 "이것을 할 수 있는 건 내가 아니야.", "다른 것을 해야 했기 때문이야.", "나에겐 선택권이 없어."와 같은 말을 한다고 합니다. 즉 소외된 개인은 "하고 싶어서 한 게 아니라 해야 했기 때문에 했어."라고 말합니다.

"바로 내가 그것을 원해서 했어."라는 말이 중요한 것은 그렇게 하지 않는 사람에겐 복종만이 남기 때문입니다. 니체는 복종하는 자는 결코 자신의 내면에 귀를 기울이지 않는다고 말했습니다. "해야만 했다."라는 말 아래 외부의 명령에 따라서만 행동하면 우리는 많은 것을 잃게 됩니다. 시키는 대로 하다 보면 자신이 무엇을 좋아하는지, 자신에게 무슨 능력이 있는지는 중요하게 생각하지 않고 아예 잊어버리고 살게 되기도 합니다. 그건 자긍심을 갖고 한 인간으로 사는 것, 한 인간으로 기쁘게 사는 것과 가장 멀어지는 길입니다. 게다가 이렇게 살다 보면 자신이 능력이 있는지 없는지 알 수 있는 기회조차 없어져 버립니다.

능력은 천부적 자질이나 고난도의 기술이 아니라 자신의 마음을 사로잡는 것을 잊지 않고 포기하지 않으려는 데서 나옵니다. "농부치고 예술가가 된 사람은 거의 없다."로 시작하는 글이 있습니다. 그 글은 이렇게 이어집니다. "이것은 재능의 문제가 아니라 기회와 자유 시간의 문제이다. (중략) 이처럼 농부 예술가가 희귀한 까닭은 대다수 도시인들에게 농부의 영혼과 그들의 육체적인 인내와 물질적인 노동 조건이 친숙하지 않을 뿐만 아니라 잘 알려져 있지도 않기 때문이다." 존 버거의 『랑데부』라는 책에 실려 있는 「이상적인 궁전」이란 글의 첫 부분입니다. 이 글에는 시골 우편배달부이자 농부인 페르디낭 슈발에 대한 이야기가 나옵니다. 그는 1836년에 태어나 1924년에 죽은 실존 인물입니다. 그는 자신의 마음을 사로잡은 것을 잊지 않고 포기하지 않음으로써 그만의 능력을 갖게 됩니다.

시골 우편배달부로서 나는 날마다 오트리브에서 테샹까지 걷는다. (중략) 때로는 눈이 오고 얼음이 어는 길을, 때로는 꽃이 만발한 길을. 꿈속에서를 제외하고는 언제나 동일한 배경을 통과하여 걸어야 하는 사람이 할 수 있는 일이 무엇일까? 나는 꿈속에서 모든 상상력을 동원하여 궁전을 지었다. 소박한 인간이 상상할 수 있는 모든 진정성을 동원하여 궁전을 세웠다. 정원, 작은 동굴, 탑, 성, 박물관, 조상 등.

그 꿈에 대해 더 이상 생각하지 않을 무렵 그는 발부리에 무엇인가 걸려 넘어질 뻔합니다. 그를 넘어질 뻔하게 한 것은 희한하게 생긴 돌멩이었습니다.

나는 짬이 나면 꺼내 보려고 호주머니에 그 돌을 집어 넣었다. 다음 날 같은 곳을 지나가면서 좀 더 많은 돌을 발견했는데, 이번 것은 더욱 아름다웠다. 돌들을 주워 모아 한자리에 놓고서 감탄했다……. 골짜기, 언덕, 가장 황량하고 버려진 곳들을 샅샅이 뒤졌다…….
(중략)
여기서부터 나의 시련과 고난이 시작되었다. 나는 바구니로 돌을 나르기 시작했다. 우편배달부로서 하루에 30킬로미터 외에도 12킬로그램이 족히 되는 가득 찬 바구니를 날랐다. 각각의 지역은 그 나름대로 특별한 형태의 단단한 돌들을 가지고 있다. 시골 변두리를 통과하면서 조그만 돌 무더기를 만들어 놓고는 했다. (중략) 가장 가까운 거리가 4~5킬로미터 정도였으며, 때로는 10킬로미터는 족히 되었다. 종종 새벽 2~3시가 되어서야 이 일을 마무리했다.

그는 이 돌들로 무엇을 했단 말인가요? 슈발은 33년에 걸쳐서 "모든 상상력을 동원한 궁전"을 만들었습니다. 그 궁전은 아직도 프랑스의 오트리브란 마을에 있습니다. 저는 몇 해 전 오트리브 근처를 지나간 일이 있는데 그때 슈발의 궁전을 모르고 그냥 지나치고 만 것이 지금 생각해도 원통합니다. 슈발은 자신의 노동에 대해서 이렇게 말합니다.

> 밤이 다가오는 저녁이면,
> 다른 사람들 모두가 휴식하고 있는데
> 나는 내 궁전에서 일한다.
> 내 고통을 아는 사람은 아무도 없을 것이다.
> 1분이라도 짬이 나면
> 내 직업이 허락해 주는 여가 시간에
> 나는 무수한 밤 동안 이 궁전을 지었다.
> 나는 내 나름의 기념비를 조각했다.

슈발은 젊은 시절 당시 인기 있던 백과사전식 잡지를 통해 세계를 배우고 갈망하게 됩니다. 이국의 도시들에 대해 상상하고 꿈을 꿉니다. 꿈속에서 그리던 상상의 궁전을 지었던 출발점은 체계적인 교육이나 천재적인 영감이 아니었습니다. 하나의 돌멩이에 대한 감탄에서 '이상적인 궁전'이 태어났습니다. 한 우편배달부가 특이하게 생긴 돌멩이를 하나 주워 와서 이렇게 말하는 데서 이야기는 시작되는 겁니다. "예쁘지 않아?" 그는 "나의 꿈을 간직한 돌이 얼마나 멀리 갈 수 있는지 알고 싶다."라고 말했습니다.

우리의 능력도 마찬가지입니다. 능력은 원형이라고 할 만한 어떤 하나에서 시작되어 계속 덧붙여집니다. 능력을 사랑이란 말로 바꿔 생각해 봐도 마찬가지입니다. 사랑에 대한 가장 큰 오해는 사랑하는 두 사람이 만나 하나가 된다는 생각입니다. 그렇지만 제 생각엔 두 사람이 만나 셋이 되는 게 사랑입니다. 사랑하는 두 사람이 함께 뭔가를 만들어 내는 게 사랑입니다. 사랑하는 동안 나머지 한쪽이 없었더라면 불가능했을 어떤 것, 새로운 세계관이든 잊을 수 없는 경험이든 진리든 뭐든 제3의 것이 태어납니다. 이것은 최초의 만남에 뭔가를 계속 덧붙일 때 가능합니다. 최초의 만남, 감탄, 호기심에 계속 뭔가를 더하는 것, 나와 뭔가가 만나 새로운 것이 태어나게 하는 것. 그것이 사랑이고 사랑하는 자의 능력입니다.

슈발은 아름다운 돌멩이에 33년간의 노동을 더했습니다. 그는 "농부의 아들로 태어난 만큼 다름 아닌 농부의 아들로서 나는 살고 싶었다. 나의 계급 또한 에너지와 천재를 가진 사람이 있다는 것을 입증하기 위해 살다가 죽고 싶었다."라고 말합니다. 그가 속한 계급의 지혜는 단순한 것이었습니다. 노동을 통해서만 뭔가가 생산된다는 것이었습니다. 그는 자신이 만든 궁전 천장에다 원형으로 이렇게 적어 놓았습니다. "여기서 나는 잠들고 싶다."

발터 벤야민 또한 이런 말을 했습니다. "이 돌들은 내 상상의 양식이었다." 발터 벤야민이라는 지식인도 돌멩이를 사랑했고 그것들을 모으고 쌓고 질서를 부여하고 연결시키면서 글을 썼습니다. 그에게 돌멩이는 그냥 돌멩이가 아니라 아마도 자료였고 작품이었을 것입니다. 하지만 상관없습니다. 슈발과 마찬가지로 발터 벤야민 또한 수전 손택의 표현대로 "아무도 돌아보지 않는 데서 무얼 발견하는 걸 좋아했"던 사람이었습니다.

상상력에 관한 한 지식인의 능력과 농부의 능력은 동등합니다. 책 읽는 능력에 대해 고민하는 사람은 슈발의 이야기를 기억했으면 좋겠습니다. 나의 꿈, 나의 관심사, 나를 감탄하게 하는 것, 나를 사로잡는 것이 나를 얼마나 멀리 밀고 가는지 알고자 노력하면 됩니다. 내가 새롭게 알게 된 것들, 새롭게 만난 것들, 새롭게 창조한 것들 속에서 잠들기를 꿈꾸면 됩니다.

책 읽는 능력이 따로 있다고 생각하는 사람은 어쩌면 어휘력이나 독해력을 염두에 둔 건지도 모르겠습니다. 그렇지만 책 읽기에 필요한 것은 뛰어난 지능이 아닙니다. 정말로 필요한 것은 책에 대한 관심과 책을 받아들이는 태도뿐입니다.

더구나 책은 (더욱더 맘에 들게도) 정말 진부한 우리 삶의 이야기로 가득합니다. "커피를 타 드릴까요?" "맥주 한잔할래요?" "자기야, 더 이상 날 사랑하지 않니?" "무슨 그런 말을. 당연히 사랑하지.(사랑하지 않아.)" "네년이 내 남편에게 먼저 꼬리쳤지?"

두 번째 질문

"이 여편네가 웃기고 있네." "등록금은 어떻게 마련하지?" "나는 쓰레기 취급받고 싶지 않아." 책은 이런 말들로 가득 차 있습니다. 이거야말로 우리가 매일 하거나 듣거나 어디선가 뱉어지는 말들이잖아요?

특히 문학은 진부한 것들이 얼마나 매혹적인 이야기가 될 수 있는지 보여 줍니다. 그 여자랑 헤어질까 말까 하는 문제가 진짜 중요한 선택의 문제가 된다는 걸 보여 줍니다. 그 평범함에서 풍요로움을 끌어냅니다. 슈발과 벤야민이 사랑했던 돌멩이들이 책 속에는 가득합니다. 아무리 세상이 불평등해도 평등한 것이 있는데 그것들 중 하나는 책 읽는 능력입니다. 지속적인 관심과 믿음만 있다면, 누구나 책 속에 가득한 평범한 돌멩이들을 가지고 자기만의 궁전을 쌓아 올릴 수 있습니다.

책을 읽는 능력이 따로 있는 것은 아니지만 책을 읽는 데 꼭 필요한 능력들이 있긴 합니다. 고독을 두려워하지 않는 능력, 자신을 채웠던 반복과 습관의 타율성을 비우고 새로운 리듬과 질서를 받아들이는 능력 같은 겁니다. 독해력이 있어야 한 해에 100권의 책을 읽을 수 있지 않느냐는 질문들을 하곤 하는데 저는 그 생각에 대체로 부정적입니다. 많은 책을 읽는 게 중요한 게 아니라 같은 책을 몇 번 되풀이해서 보거나 곱씹어 보는 것이 더 중요할 수도 있습니다. 일정 정도 규칙적으로 책 읽는 시간을 갖는 것이 몇 권을 읽느냐보다 더 중요합니다. 진정한 독해력이란 문자를 정확히 읽어 내는 능력이 아니라 무엇을 읽건 거기에서 삶을 바라보는 능력입니다.

그보다 문제는 우리에게 좀 나쁜 능력이 있다는 겁니다. 바로 자기를 무시하는 능력이지요. 게으름조차도 능력과 관계됩니다. 게으름에 대해서도 우리에겐 착각이 있습니다. 게으름은 뭐라고 생각하시는지요? 잠을 많이 자는 사람이 게으른 걸까요? 천천히 걷는 사람이 게으른 걸까요? 저는 게으름에 대해서 자크 랑시에르의 『무지한 스승』이란 책에서 배웠고 그 생각에 동의합니다.

게으름은 '자기 자신을 얕보는 정신의 행위'입니다. 우리는 남을 무시하기도 하지만 자기 자신도 무시합니다. 이 무시는 말로는 겸손의 모습을 띱니다. "제가 뭘 알겠습니까? 저는 할 수 없어요. 저 같은 인간이 어떻게 알겠어요?" 자기를 무시하는 인간은 속으로 남도 무시하고 싶어 합니다. "너도 별수 없는 인간이잖아."란 말이 바로 그런 겁니다. "너도 별수 없잖아." "인간은 누구나 그래." 이런 말들은 우리가 생각하는 것보다 훨씬 위험합니다. 자신과 다른 사람을 무시해서이기도 하지만 바로 이 말에서 전 생애에 걸친 변명이 태어나기 때문입니다.

하지만 인간에겐 좋은 능력도 있습니다. 자신에게 뭔가가 부족하다는 것을 아는 능력입니다. 자신이 무지하다는 사실을 아는 능력 말입니다. "무지하니 그만두겠어."가 아니라 "무지하니 더 해 봐야지.", "무지하니 배우겠어."라고 생각하는 능력은 우리가 계속 노력할 수 있게 해 줍니다.

어떤 분야에 정말 능력이 있는 사람이 제일 먼저 알게 되는 것은 자신에게 뭐가 부족한가 하는 점입니다. 넘쳐 나는 재능 때문에 계속하는 게 아니라 무엇이 부족한지를 알기 때문에 계속합니다. 들라크루아라는 화가는 천재적인 인간을 만드는 것은 새로운 생각이 아니라 그를 사로잡고 놓지 않는 생각, 즉 지금까지 말해진 것이 아직 충분히 만족스러운 방식으로 말해지지 않았다는 생각이라고 했습니다.

한충자 할머니는 "할 수 없어요."로 이어지다 마침내 "할 수 있어요."로 끝나는 세계를 보여 줍니다. 매일 밤 흐릿한 불빛 아래서 한 인간이 "할 수 없다. 할 수 없다······." 하다가 "아, 할 수 있다!"라고 어느 순간 아무도 모르는 희열을 느끼는 겁니다. 그런 후에 불을 끄고 곤히 잡니다. 아, 할머니는 자면서도 얼마나 기뻤을까요? 한충자 할머니도 19세기의 한 우편배달부 농부처럼 사는 동안 영원히 지속될 기쁨을 만들어 내는 데 능력을 발휘했습니다.

세 번째 질문

삶이
불안한데도
책을 읽어야
하나요?

운명보다 거대한
선택의 힘

왜 책을 읽느냐고 묻는다면 책은 저에게 그저 고향 같은 존재라고 대답합니다. 우리는 하루 대부분의 시간을 이런저런 일, 동의하거나 동의하지 않는 생각들에 휩싸여 보내기 때문에, 게다가 직장에서도 원하는 일만 하기보다 이미 이런저런 이유로 결정난 것을 수행해야 하기 때문에, 몸도 쉬어야 하지만 마음도 쉬어야 합니다.

사람에겐 누구나 마음이 돌아가 쉴 고향이 필요합니다. 그래서 권정생 선생님은 "고향이란 게 있지 않습니까, 모두들?" 하고 말했는지도 모르지요. 저에게 책 읽기는 그 고향 집에 누워서 도시를 생각하는 것과도 같습니다. 어느 땐 아예 도시 생각을 하지 않기도 하고, 어느 땐 도시 생각을 좀체 잊지 못하기도 하고, 어느 땐 빨리 돌아가 잘해 보고 싶기도 하고, 어느 땐 두 번 다시 돌아가지 않을 궁리를 하기도 하죠.

 책은 저를 숨 쉬게 합니다. 아주 좋은 책을 만나면 저는 어쩐지 크게 한 번 숨을 몰아쉽니다. 어쨌든 책 읽기는 '쉬는 시간'입니다. '숨 쉬는 시간'입니다. 하지만 좀 더 대답해 볼 수도 있습니다.

 삶은 이 세계에서 내게 벌어지는 일이고, 우리에게 세계는 대부분 문제로만 다가옵니다. 문제가 생겨야 비로소 "내가 마주선 이 골치 아픈 세계가 대체 뭘까?"라고 생각하게 되는 것 같습니다. 그래서 일찍이 지혜로운 우리 조상들은 세상은 요지경이라고 표현했겠지요. 난 별 문제 없이 사는데요, 라고 생각하는 분들도 있겠죠. 너무나 부럽습니다. 하지만 대부분의 사람들에겐 갈등이 있습니다. 하고 싶은 일을 하자니 가족을 충분히 사랑하지 못하거나 아프게 할 것 같고, 사랑하는 사람을 행복하게 해 주자니 내가 원하는 일을 하지 못할 것 같고. 카프카의 일기는 사실상 이런 긴장과 불안으로 도배되어 있습니다. 약혼하고 결혼해서 애 낳고 사는 것조차도 그에게는 견딜 수 없는 타협이었습니다.

 우리는 이해할 수도 없고 어찌할 수도 없는 세계 속에서 사랑도 받고 인정도 받아야 합니다. 사랑하지 않는다고 말하지만 사실은 사랑하는 연인이 세계입니다. 사랑하지만 경멸도 하는 연인이 세계입니다. 날 사랑해 주었으면 하지만 받은 만큼 사랑해 줄 수는 없는 연인이 세계입니다. 우린 나름대로 불만을 안고 삽니다. 그 불만은 세계가 나를 충분히, 제대로, 사랑하지 않는다는 것, 그것입니다.

마르그리트 뒤라스의 소설 『연인』을 책이나 영화로 보셨나요? 일단 베트남에 사는 어린 프랑스 소녀와 그녀의 연인인, 그보다 나이가 많은 부유한 중국 남자의 사랑 이야기라고 해 두죠. 소설은 시작부터 심상치 않습니다. 프랑스 소녀는 "열여덟 살에 나는 늙어 있었다."라는 말을 합니다. 저는 그 말을 제 방식대로 이해하려고 합니다. 열여덟 살 소녀는 왜 자신을 늙었다고 한 걸까요? 그것은 그녀가 하나의 삶을 사는 한 인간이 아니기 때문입니다. 그녀는 수많은 삶을 살았습니다. 소녀의 삶, 어머니의 삶, 두 오빠의 삶, 식민지에 사는 실패한 제국주의자들의 삶. 이제는 중국인 연인의 삶까지. 그녀는 한 소녀지만 동시에 수없이 많은 사람들의 삶이 합하여 들어간 하나의 세계였습니다. 그녀는 세계이기 때문에 어리고 수줍고 단순할 수가 없었던 겁니다.

몇 년 뒤 이제는 나이가 들어 중년 여인이 된 소녀에게 중국인 연인이 전화를 합니다. 중국인 억양이 섞여 있는 프랑스 말로 떨면서 말합니다.

그의 사랑은 예전과 똑같다고. 그는 아직도 그녀를 사랑하고 있으며, 결코 이 사랑을 멈출 수 없을 거라고. 죽는 순간까지 그녀만을 사랑할 거라고.

우린 그렇게 고백합니다. 너무나 어리지만 노회하기 그지없는, 너무나 늙었지만 순진하기 그지없는 세계를 향해. 자기 언어가 조금 섞인 낯선 언어로. 이 사랑을 멈출 수 없다고.

비극적이게도 세계와 우리는 서로를 뜨겁게 사랑할 수 없는 불일치 속에 살고 있습니다. 더구나 우리는 각자 자신의 조건과 한계에 갇혀 있습니다. 세계는 언제나 우리의 조건과 한계를 넘어섭니다. 이 근본적인 비대칭성이 문제입니다. 하지만 우리는 어떻게든 균형을 잡고 살 수 있습니다. 선택이 있기 때문입니다. 그리고 이 선택 때문에 의도하지 않은 결과, 혹은 의도했던 것보다 더 놀라운 결과가 일어날 수 있습니다.

슬프지만 흥미로운 이야기 하나 해 드릴까요? 일본 사무라이 이야기입니다. 1185년 일본 천황은 안토쿠라는 이름의 일곱 살 소년이었습니다. 그는 헤이케 사무라이 일파의 명목상 지도자였습니다. 당시 헤이케 파는 숙적인 겐지 파와 피비린내 나는 전쟁을 치르고 있었습니다. 서로 천황의 자리는 자기네가 차지해야 한다고 주장하며 싸웠던 거죠. 1185년 4월 24일 일본의 단노우라란 곳에서 해전이 벌어졌습니다. 이때 안토쿠 천황도 전함에 타고 있었습니다. 헤이케 파가 불리했습니다. 병사들의 수가 더 적었다고 합니다. 이 해전에서 헤이케 파 병사들이 수없이 전사했고 살아남은 병사들도 바다에 몸을 던져 집단 자살했습니다. 천황의 할머니는 천황과 자신이 적에게 포로로 잡혀 갈 수는 없다고 생각했습니다.

그다음 상황은 『헤이케 이야기』에 이렇게 적혀 있다고 합니다.

그해 황제는 일곱 살이었는데 나이에 비해 무척 조숙했다. 그는 매우 예쁘게 생겨서 얼굴에서부터 밝은 광채가 발하는 듯했다. 검은 머리카락을 등 뒤로 길게 늘어뜨린 어린 천황은 겁에 질려 한껏 불안한 표정으로 할머니 니이에게 물었다. "저를 어디로 데리고 가시나요?" 그녀는 눈물을 흘리며 어린 천황을 향해 몸을 돌리고 그를 달랬다. 그러면서 비둘기 색깔 관복에 그의 긴 머리카락을 묶어 줬다. 눈물로 범벅이 된 어린 천황은 작고 예쁘장한 두 손을 한데 모았다. 먼저 동쪽에 있는 이세 신궁에 작별을 고하고 서쪽으로 돌아서서 나무아미타불을 반복해서 읊었다. 니이는, "우리의 황도(皇都)는 바다 저 깊은 곳에 있습니다."라고 말한 뒤 두 팔로 어린 천황을 꼭 껴안은 채 출렁이는 파도 밑으로 가라앉았다.

헤이케 함대는 전멸했다고 합니다. 살아남은 사람이라곤 여자 마흔두 명뿐이었는데 이들은 궁중의 시녀였지만 전쟁터 근처에 살던 어부들에게 몸을 팔면서 살아야 했습니다. 헤이케 파는 역사에서 완전히 사라져 갔습니다. 그렇지만 시녀와 어촌 사람들 사이에서 태어난 후손들은 단노우라 해전을 기념하는 축제를 열기 시작했습니다. 매년 4월 24일에요. 어부들 사이에서 구전되는 전설에 따르면 헤이케의 사무라이들은 게가 되어 지금도 일본 내해 단노우라의 바닥을 헤매고 있다고 합니다.

그런데 이상한 일이 생겼습니다. 이곳에서 발견되는 게의 등딱지에는 기이한 무늬가 있는데 그 무늬는 섬뜩하리만큼 사무라이의 얼굴을 닮았던 겁니다. 어부들은 이런 게가 잡히면 먹지 않고 다시 바다로 놓아 주곤 했습니다. 어부들이 한 일의 의미는 컸습니다. 자신도 모르게 진화의 바퀴를 특정 방향으로 돌렸던 겁니다. 평범한 모양의 등딱지를 가진 게는 사람들에게 속속 잡아먹혀 후손을 남기기 어려웠고 사람의 얼굴을 닮은 등딱지를 가진 게는 사람들이 다시 바다로 던져 넣은 덕분에 후손을 남기게 되었습니다. 마침내 단노우라에는 엄청나게 많은 사무라이 게들이 살게 됐습니다.

이 이야기를 저는 칼 세이건의 『코스모스』에서 읽었습니다. 칼 세이건은 인간들이 수천 년 동안 어떤 종의 식물과 동물을 키우고 어떤 것들을 죽게 할지를 신중하게 선별해 왔다고 말하려고 이 이야기를 했습니다. 벼가 인간을 좋아해서 자신들은 인간에게 꼭 필요하다며 찾아온 것이 아니란 거죠. 저는 이걸 읽고 아, 이건 삶에 대한 이야기일 수도 있겠구나, 생각했습니다. 우리가 '선택'이란 것을 한다는 걸 알려 주는 이야기인 거죠. 실제로 우린 수많은 선택을 합니다. 그 선택 중엔 알고 한 것도 있고 모르고 한 것도 있습니다. 그런데 그것이 무언가를(가장 중요하게는 자기 자신을)

세 번째 질문

죽이기도 하고 키우기도 하고 살리기도 합니다.

게 한 마리를 바다에 돌려보내는 것도 모두 다 함께 오랫동안 행하면 진화의 흐름을 바꿔 놓습니다. '선택'이야말로 운명이란 말을 대신합니다. 요샌 운명이란 말도 너무 고전적으로 들립니다. ('운'이란 말이 더 인기가 있는 것 같습니다.) 세계 속에 던져진 우리가 문제를 해결하려고 동분서주하는 것, 그래서 뭔가를 선택하는 게 바로 삶입니다.

선택은 내 삶에만 영향을 미치지 않고 다른 사람에게도 영향을 미칩니다. 그래서 더더욱 좋은 선택을 하고 싶습니다. 그런데 좋은 선택을 하고 싶어도 우린 충분한 정보를 가지고 있지 않습니다. 우리가 처한 조건과 한계 때문에 지나간 삶이나 다른 곳의 삶과 비교할 수도 없지요. 선택이 쉬운 거라면 프로스트의 「가지 않은 길」 같은 시는 나오지도 않았을 겁니다. 선택이 쉬운 거라면 도스토예프스키의 『카라마조프 가의 형제들』에서 대심문관이 예수에게 이런 말을 하지도 않았을 겁니다. 대심문관은 세비야의 밤거리에서 예수를 체포한 후 이렇게 말하죠. 우리에게 빵을 주고 기적을 보이지, 왜 골치 아픈 선택의 자유를 주었느냐고.

결국 우린 제대로 선택하기 위해서 도움을 받아야만 합니다. 의존해야만 합니다. 어쩌면 자기 갈 길을 확실히 잘 아는 사람은 책에 의지하지 않아도 될 겁니다. 저는 자신에게 주어진 문제를 풀 때 테세우스나 헤라클레스가 책을 읽었다는 말은 들어 보지 못했습니다. 하지만 왕자였어도 유령의 명령을 따르는 데 고민이 많았던 햄릿은 책을 읽었습니다.

앞에서 말한 단노우라의 게딱지 이야기로 잠깐만 다시 돌아가자면, 삶이야말로 바로 이 게딱지 같지 않겠습니까? 우리 삶이야말로 인간이 수천 년 동안 살릴 건 살리고 죽일 건 죽인 결과물들의 집적체 같지 않습니까? 그러니까 사무라이 얼굴을 한 게딱지 하나하나가 우리 삶이라고도 할 수 있는 거죠. 인간의 얼굴을 한 게딱지라니, 여러모로 절묘합니다.

책을 읽으면서 저는 인간에 대해 달리 보게 되었습니다. 책을 읽기 전보다 인간을 훨씬 더 좋아하게 되었습니다. 인간은 추하고 형편없는 짓도 하지만, 그럼에도 인간은 참으로 끝없이 질문을 던지면서 그 질문에 충실하고 자기가 얻은 해답과 믿음을 지침으로 삼아 인간으로서의 존엄성을 지키기 위해 저항하고 심지어 목숨까지도 바치는 존재란 것을 알게 된 겁니다. 책이 아니었다면 몰랐을 겁니다. 지금 당장 내가 사는 세상이 너무 서글프니까요. 지금 당장 내 눈앞에 있는 것들이 너무 거대하게 보이니까요.

책은 다른 사람들이 존재함을 보여 줍니다. 눈을 돌리니 정말 보이기 시작했습니다. 다르게 사는 사람들요. 다르게 생각하는 사람들요. 책은 저에게 낙관적 비관주의자들에 대해서도 알려 줬습니다. 낙관적 비관주의자들은 세계를 경멸한다는 점에서 비관적이지만 절실하게 변화를 원하기 때문에 의지를 불태우게 된다는 점에서 낙관적입니다. 사실 거의 모든 작가들이 낙관적 비관주의자들입니다. 조지 오웰의 『1984』를 디스토피아 소설이라고 하지만 『1984』는 어떻게 지구의 마지막 인간이 사라지는가를 미리 보여 주고 그것을 막기 위해 경고를 하려 했단 점에서 비관적인 디스토피아 소설이라고만 할 수는 없습니다.

인간은 간단한 질문 앞에 너무 많은 말로 대답하는 존재입니다. 그 너무 많은 말이 삶입니다. 삶이 게딱지라면 이것은 너무 많은 말을 담은 게딱지들입니다. 질문은 간단해도 대답은 길고 수다스러운 것, 선택은 단순해 보여도 선택 이후의 행동은 한없이 조심스럽고 복잡한 것. 그것이 삶이 아닐까 싶습니다. 책은 저에게 게딱지 무늬의 비밀, 수다스럽고 장황하게 펼쳐지는 삶을 보여 줬습니다.

우리는 세계로부터 사랑받지 못한다는 불만도 가지고 있지만 세계가 과연 나를 사랑하는가, 과연 나를 위한 자리를 마련하고 있는가 하는 불안도 가지고 있습니다. 사르트르의 『말』이란 소설 초반부에는 어른들의 환심을 사는 데 골몰하는 어린아이의 고뇌가 나옵니다. 그가 착한 아이인 척하는 것은 불안했기 때문입니다. 불안한 건 자신이 있으나 마나 한 존재란 생각 때문이었습니다. 어른의 세계에 자기를 위한 자리가 보이지 않았기 때문입니다.

그의 할아버지가 운영하던 현대 어학원의 잔칫날. 그는 벼락 맞은 듯 놀랍니다.

현대 어학원에서는 백열등의 흔들리는 불빛 아래서 사람들이 박수를 치고 어머니는 쇼팽의 곡을 연주하고, 할아버지의 명령으로 모두가 프랑스어로 말을 했다. (중략) 나는 땅바닥에 발이 닿을 겨를도 없이 이 손에서 저 손으로 날아다녔다. 어느 독일 여류 작가의 가슴팍에 눌려 숨이 답답할 지경이었는데, 그때 할아버지가 그의 드높은 자리에서 한마디 선언을 했다. 그 말이 내 가슴을 후려쳤다. "이 자리에 꼭 있어야 할 사람이 없소. 시모노 씨가 없단 말이오." 나는 여류 작가의 품에서 빠져나와 방 한구석으로 달아났다. (중략) 학원 행사에 모든 사람들이 다 온 것은 결코 아니었다. 어떤 수강생들은 몸이 불편해서, 또 다른 수강생들은 사정이 있어서 못 왔다. 그러나 그런 것은 우발적이며 하찮은 일들에 불과했다. 오직 시모노 씨가 없다는 사실만이 중요했다. 그의 이름을 입 밖에 내기가 무섭게 이 빽빽한 방 안에 칼로 도려낸 듯이 빈자리가 파였다. 한 인간이 이미 마련된 제자리를 가지고 있다는 것이 놀라웠다.

꼬마만 놀란 게 아닙니다. 저도 놀랐습니다. 꼭 있어야 할 사람이 없다니요? 제가 신자유주의 시대에 살고 있기 때문에 더 놀랐을 것입니다. 우리가 사는 신자유주의 시대엔 내가 꼭 필요한 사람인가 아닌가 하는 문제를 말하기가 더 어렵게 되었습니다. 해고와 실업이 일상적인 시대에 살고 있으니 꼭 필요한 사람이란 말에도 흠칫 놀란 겁니다. 나를 평생 써 줄 그분은 어디 있는 걸까요? 내 헌신과 열정을 뜨겁게 받아 줄 사람은 어디 있는 걸까요?

우리는 자신이 꼭 필요한 사람이라고 평가받기는커녕 몇 년 뒤에 꼭 필요 없는 사람의 목록에 오를 가능성이 더 높은 세상에 살고 있습니다. 먼 미래까지 갈 것도 없습니다. 편의점 아르바이트 직원 같은 언제든 대체 가능한 지금의 비정규직 노동자라면 어떨까요? 정규직도 마찬가지지만 비정규직 노동자들이 노동을 통해 한 인간으로 기쁨을 누리며 성장하고 자신이 중요하거나 꼭 필요한 사람이라고 생각하며 사는 것은 정말 어려운 일이 되었습니다. 누가 해도 상관없는 일을 아무거나 닥치는 대로 하며 살아야 하기 때문에 그렇게 되어 버렸습니다. 이런 상황에서 어떻게 자기가 꼭 필요한 사람, 대체 불가능한 사람이라고 생각할 수가 있겠습니까?

불안은 우리 인간 존재의 특성 때문에도 나오지만 우리 사회 구조, 즉 차별과 배제 때문에도 나옵니다. 도대체 나의 자리는 어디란 말인가? 이 고민은 이제 세계 도처를 떠다닙니다. 그러던 어느 날 저는 한 해고 노동자를 만났습니다.

"정 PD, 우리 해고 노동자 아이들에게 방송국 구경을 좀 시켜 줄 수 있어요?"

"그럼요. 구경을 시켜 줄 뿐만 아니라 초코파이도, 딸기 우유도 사 줄 수 있어요."

"부모들이 해고당하고 나니 아이들이 꿈이란 걸 못 꾸는 것 같아 마음이 좀 아픕니다."

"네, 얼마든지 데리고 오세요."

"정 PD, 우리들에게 책 읽기 같은 강의를 해 줄 사람을 좀 찾아봐 줄 수 있어요?"

"네? 책요? 혹시 이유를 물어봐도 될까요?"

저는 지금 책 읽을 때냐는 속마음을 간신히 숨기며 물었습니다. 그러자 그가 대답합니다.

"우리는 해고당했지만 복직하고 싶죠. 일을 하고 싶죠. 꿈이에요. 그런데 꿈이 이뤄져서 복직이 된다 해도 야, 이제 복직되었으니 다 되었다, 하고 살고 싶지가 않아요. 다시 월급 받게 되었으니 만사해결이다, 하고 그전처럼 살고 싶지 않아요. 이번에 고통을 겪으면서 예전에 뭘 잘못했는지 알게 되었어요. '남의 일이잖아요.' 이 생각 말입니다. 이게 무서워요. 우리는 이제 남들이 우리 일을 남의 일이라고 생각하면 안 되는 처지에 몰렸어요. 공장에 돌아간다 해도 예전과 다른 인간이 되어서 돌아가고 싶어요. 다른 인간이 되어서 살아 보고 싶어요. 나 먹고사는 것만 신경 쓰고 살면 안 돼요. 우린 그렇게 살면 안 돼요. 더 나은 인간이 되고 싶어요. 필요한 사람이 되고 싶어요. 그래서 책 좀 읽으면서 세상을 배우고 싶습니다."

저는 그의 의지에 놀랐습니다. 선택하려는 의지에 놀랐습니다. 그는 회사에서 "당신은 우리에게 꼭 필요한 인간이 아니야!"란 말을 들은 거나 다름이 없었습니다. 그런데 다음 순간, 자신이

세 번째 질문

버려진 그 순간에 그는 자신이 누군가에게 꼭 필요할 때 도움을 줄 수 있는 사람이 되기를 선택했습니다. 그는 자신을 필요로 할 사람 또한 자신이 선택하기로 했습니다. 아무나 자신을 선택해 주기를 기다리는 길을 택하지 않았습니다. 자신과 함께 어려움을 겪는 사람들이 자기를 필요로 하기를, 선택하길 원했습니다. 회사에서 내쳐진 이 노동자는 현대 사회의 가장 난처한 질문 '과연 누가 날 필요로 하는가?', 바로 이 질문을 가장 급진적으로 뒤집어 버렸습니다. 그는 자기 자신의 자리와 필요를 책을 읽으며 스스로 찾고 싶다고 했습니다. 이제 그에게 다른 인간이 되고 싶다는, 더 나은 인간이 되고 싶다는 열망은 복직만큼이나 중요해졌습니다. 리어 왕은 무(無)에선 무만 나온다고 했지만 리어 왕은 틀렸습니다. 그는 다 잃어서 무가 되었을 때 무엇이 나올 수 있는지를 보여 주었습니다.

많은 사람들이 더 나은 인간이 된다는 것을 심리의 문제라고 생각합니다. 온갖 심리학 책들이 위험을 피하는 법이나 자존심을 찾는 방법, 존중받는 방법, 콤플렉스에서 벗어나는 방법, 소통하는 방법을 가르쳐 줍니다. 그러나 다른 사람이 된다는 것, 더 나은 사람이 되고 싶다는 것, 그것이야말로 저는 윤리의 문제가 아닐까 생각합니다. 오에 겐자부로의 『우울한 얼굴의 아이』에서 소설가 고기토의 나이 든 어머니는 윤리에 대해 이렇게 말합니다.

삶이 불안한데도 책을 읽어야 하나요?

윤리의 문제가 있다고 말한다면 그거야말로 나같이 나이 먹은 사람이 아침저녁으로 생각하고 있는 문제죠! 언제 죽어도 이상할 것 없는 나이가 된 사람이 이대로 죽어도 괜찮을까 생각하면서…….

아마 이런 것이 윤리가 아닐까 싶습니다. "이대로 죽어도 괜찮을까" 같은 것 말입니다. 이 험한 세상을 살기 위해서는 섬세한 감수성도 필요하지만 윤리도 필요합니다. 슬퍼도 해야 하는 일이 있고 좋아도 하지 않아야 할 일이 있습니다. 그런데 그것은 너무나 어렵습니다. 우린 타인이 잃고 내가 얻거나, 내가 잃고 타인이 얻는 세상에서 살기 때문입니다.

타인의 이해관계는 끝없이 나의 이해관계와 부딪힙니다. 우리가 사는 세상은 사소한 걸 두고도 친구와 경쟁을 하게 하고 사랑이나 우정, 교양과 예술과 같은 정신적인 일도 속으로 계산을 해 보게 합니다. 우린 비교하고 점수 매기고 서열화하는 세상에 살고 있습니다. 앙드레 지드의 '좁은 문'은 이제 영광스러운 신께 이르는 길이 아닙니다. 우리 사회 자체가 좁은 문입니다. 둘이 걷기에도 좁습니다. 이런 상황이라면 긴장을 풀고 관대한 마음으로 자신과 타인을 존중할 수 없습니다. 속으로는 우리의 이 모든 노력이 헛된 것이 아니게 해 달라고, 내 앞에서 문을 닫지 말라고 간절히 약한 자의 모습으로 기도하고 있지만 우리의 겉모습은 때때로 냉정하기만 합니다. 이 시대에 우리는 계산하는 인간, 즉 호모 칼쿨러스(Homo Calculus)로 살아가도록 강요당하고 있습니다.

윤리는 이 경쟁적인 세상에서 ~하지 마라, ~해라 같은 원칙을 스스로 만들어 볼 수 있게 합니다. 비록 그 원칙이 확고부동할 수 없다고 해도 말입니다. 우리가 태어난 건 우연이고 무엇이 되려고 태어난 것은 아닙니다. 그래도 윤리나 신념은 그 우연성의 허무와 냉소를 극복하게 해 줍니다. 윤리는 흔들리는 나침반, 떨면서 정북향을 가리키는 나침반입니다. 그리고 그 정북향은 우리가 스스로 선택하는 것입니다. 윤리는 우리를 도와줄 수 있습니다. 윤리야말로 우리가 마음속으로 진짜 의미 있다고 생각하는 것과 연결되도록 도와줍니다.

또한 윤리는 타인과도 연결되도록 도와줍니다. 우리는 외로움과 쓸쓸함을 토로합니다. 수많은 소설이 그 주제를 넘치도록 다루고 있습니다. 18세기의 질문이 가난이나 불행이었다면 우리 시대의 질문은 소통이나 불안인 듯합니다. 우리가 타인과 연결되지 못하는 이유를 많은 소설이 서투름이라고 설명하는 듯합니다. 하지만 우리가 연결되지 못하는 것은 서툴러서가 아니라 우리가 "너는 너, 나는 나."라고 주장하는 개인주의자들이기 때문입니다. 우리가 너 혼자서만 잘해라, 네 힘으로 스스로를 돌봐라, 라는 말을 넘치도록 듣고 살아서입니다. 이제 연인들은 서로 짐이 되고 싶지 않아서 헤어집니다. 어떻게 서로 힘이 될까 생각하기에 우린 개인적인, 너무나 개인적인 상태에 있습니다.

이 시대에 우리는 다른 방식으로, 부정적인 방식으로 강하게 연결돼 있습니다. 미야베 미유키의 소설 『화차』는 우리가 어떻게 (부정적으로) 연결되어 있는지 잘 보여 줍니다.

　　살인이 있습니다. 한 여자가 다른 여자를 죽여 그녀의 신분을 훔쳐 삽니다. 범죄의 뒤 풍경은 너무나 익숙합니다. 풍요로운 경제 성장을 겪으면서 커져 버린 허영심이 한 축에 있습니다. 대단한 허영심도 아닙니다. 좋은 집에서 살고 싶다, 남들보다 좀 더 호화롭게 살고 싶다 같은 것들입니다. 그리고 다른 축에는 무시무시한 기세로 팽창해 가는 소비자 신용이 있습니다. 그리고 정보가 넘쳐납니다. 이렇게 저렇게 하면 돈을 왕창 벌 수 있다, 주식을 해라, 집을 사라, 어디로 여행을 가는 것이 현대적이다, 사는 곳도 이 지역에서 살아야 폼이 난다, 요새 뜨는 브랜드는 이것이다. 다들 들떠서 그 정보의 어딘가에 '뭔가'가 있다고 믿고 따라갑니다. 인터넷엔 현대판 "하멜론의 피리 부는 사나이"가 넘쳐납니다. 거길 따라가면 우린 물에 빠집니다. 모두들 들떠서 카드를 사용합니다. 삶에서 선택이란 쇼핑할 자유를 말하는 것 같습니다. 행복하지 않아도 행복한 삶 안에 있는 듯한 기분입니다.

　　『화차』에선 한 여자가 그렇게 물에 빠져 있었습니다. 그녀를 죽이는 여자 역시 돈 때문에 삶이 파괴되어 있었습니다. 그녀는 타고난 악녀가 아니었습니다. 아름답지만 평범한 여자였습니다. 그녀는 이 자본주의 사회에서는 혼자 힘으로 오로지 자기 자신만을 위해 살아야 살아남을 수 있다고 생각했기 때문에 손에 피를 묻힙니다. 아름다운 범인의 파괴된 삶이 알리바이입니다. 파괴

된 삶이 범죄입니다. 그것이 유일한 변론이기도 합니다. 그녀가 살인을 저지르기 전에 그녀의 삶은 이미 이 사회에 의해 파괴되었기 때문입니다.

　　살인 사건을 다룬 이 소설에서 가장 많이 나오는 단어는 아이러니하게도 '행복'입니다. 살인조차도 행복하고 싶어서 벌어진 일들입니다. 이 대도시 소비 사회에서 범인 한 명이 태어날 때 우리는 아주 독특하고 특별한, 괴상한 범죄 동기를 찾지만 안타깝게도 그 안에는 우리의 것과 크게 다르지 않은 것이 보입니다. 모순된 욕망, 좌절된 욕망, 어리석음, 고립, 자기애. 우리는 비슷한 욕망을 나눠 갖습니다. 비슷한 욕망 때문에 서로 경쟁합니다. 게다가 세상이 불확실하기 때문에, 문이 더 좁아졌기 때문에 점점 더 개인화됩니다. 욕망과 불안의 끈이 우리를 교묘하게, 마치 같은 먹잇감을 가지고 싸우는 동물들처럼 연결시킵니다. (사르트르라면 우리 사이가 꼬여 있다고 했을 것입니다.)

　　『화차』는 신분을 바꿔치기한 평범한 한 여자를 통해서 너 자신으로 살기 위해, 행복하게 살기 위해 도대체 무엇이 '필요'했던 거냐고 묻습니다. 하지만 생존하려는 동물이 아니라 (윤리를 가진) 인간으로서 이 질문을 다시 던진다면 이렇게 바꿔 말해야 할 것입니다. 너 자신으로 살기 위해, 행복하게 살기 위해 도대체 '누가' 필요했던 거냐고. 범인 곁에는 아무도 없었기 때문입니다.

　　우린 누가 나를 필요로 하는가, 누구와 연결될 것인가 같은 중요한 문제를 선택이 아니라 자격의 문제로 생각합니다. 어떤 자격증을 딸 것인가 같은 문제로 착각합니다. 누군가에게 너무나 필요한 사람이 되고 싶어서 인맥을 관리하고 영향력 있는 사람과 떠들썩한 우정을 맺기도 합니다. 그러나 스스로 선택해야 할 삶과 실존의 문제를 임기응변이나 처세술, 기술적인 방법으로 해결하면서 자존감을 지닌 인간으로 살기는 어렵습니다. 우린 선택을 위해서 멘토가 필요할 때도 있습니다. 본보기가 필요합니다. 그 삶을 따라 하면서 그렇게 되길 기대합니다. 그러나 남의 삶을 따라 하다 보면 우월해 보이는 타인과 열등해 보이는 나를 비교하면서 자기비하에 빠져들 위험성이 있습니다.

　우리 모두는 불확실한 가운데 선택을 해야만 합니다. 어떤 선택이 옳은지 알기는 어렵습니다. 그래서 우린 그냥 모두가 가는 길을 갑니다. 때로는 선택하지 않고 차라리 선택되길 원합니다. 아니면 선택을 해도 마치 소비자처럼 선택을 합니다. 눈앞에 있는 상품 골라잡듯이 멘토와 인맥과 자격증에 대한 선택권을 행사합니다.

　그러나 앞서 이야기한 노동자는 누가 날 필요로 하는가라는 엄청난 문제 앞에서 불확실성을 감수하면서 자신의 선택권을 행사하기로 결정했습니다. 그건 마치 눈앞에 없는 것을 골라잡는 것 같습니다. 그것은 삼손처럼 무시무시한 힘이 필요한 일일 수도 있습니다. 하지만 그에게는 그런 선택을 해야만 하는 분명한 이유가 있었습니다.

세 번째 질문

그는 평생직장으로 믿었던 회사에서 거리로 내쳐졌습니다. 그는 자신에게 일어난 일을 거의 매일 고통스럽게 눈앞에서 그려 보고 또 그려 봤습니다. 영원한 것인 줄 알았던 것이 일시적이었습니다. 그의 동료들은 외상 후 스트레스 장애를 앓았습니다. 외상 후 스트레스 장애, 이제는 우리에게 너무나 익숙해진 말입니다. 우울증, 불안, 잉여만큼이나 익숙한 말입니다. 이런 상황에서 잘 살아 나가기 위해선 더 많은 힘과 깊이와 연결이 필요했습니다. 그는 이번에는 자신이 의미 있다고 생각하는 것과 일시적으로가 아니라 '영원히' 연결되길 원했던 것입니다.

책으로 친다면 그의 삶은 불명예스러운 텍스트가 되어 버릴 수도 있었습니다. 그러나 그는 그 불명예스러운 페이지를 구겨 버리지 않기를 선택했습니다. 이제 그 앞에는 그 페이지를 통과해야만 나올 수 있는 이야기가 놓여 있습니다.

미래에 대한 그의 의지는 다른 무엇보다도 강합니다. 더 나은 인간이 되려는 의지가 다른 무엇보다도 강합니다. 불안보다도 강합니다. 그는 포기할 줄 모르는 사람입니다. 저는 그가 어떤 경우에도 자기 자신 때문에만 괴로워하는 것을 본 적이 없습니다. 그는 동료들이 겪는 그 일이 왜 일어났는지, 어떻게 해야 변화가 가능할지 알고 싶어서 책을 읽습니다. 그러니까 그가 책을 읽는 이유, 그건 그에게 불안보다 강한 것이 있기 때문입니다. 그가 그렇게 강한 이유, 그건 이번에야말로 진짜로 의미 있는 것에 영원히 연결되길 선택했기 때문입니다.

그가 초라해지는 것, 약해지는 것 대신 강해지는 것을 선택했을 때 그의 불안과 두려움에 한계가 그어졌습니다. 불안하되 불안에만 빠져 있지는 않게 되었습니다. 저는 그가 예외적 인간이라거나, 아주 특별한 인간이라고 생각하지 않습니다. 약함 대신 강함을 선택했다는 건 힘이 세졌다는 뜻이 아닙니다. 강함은 육체적 힘을 가지고 있느냐의 문제가 아니라 위험이나 불안을 피하거나 맞서는 자기만의 방법을 찾아내는 것과 관련이 있습니다.

그는 선택에 있어서 제일 중요한 문제(하지만 우리가 깜빡깜빡 잊는 문제), 바로 '자신을 존중하는 선택을 할 것인가, 자신을 포기하는 선택을 할 것인가'라는 질문의 가치를 알게 되었습니다. 그리고 자신이 걸어갈 길을 선택했습니다. 이 질문과 선택은 언젠가 우리 모두가 직면하게 될 것입니다.

저는 책에서 본 낙관적 비관주의자의 모습을 그에게서 봅니다. 그는 불안하기 때문에, 깊게 절망했기 때문에 변화를 향한 의지를 불태웁니다.

이렇게 해서 한 해고 노동자가 제게 세 번째 질문에 대한 답을 알려 줬습니다. 그의 이름은 이창근입니다.

네 번째 질문

책이 정말
위로가
될까요?

슬픔을 표현하는
자기만의 형식

책이 위로가 될까요? 그럼요. 저는 그렇게 믿습니다.

아주 오래전에 한 여중생이, 알고 지내던 동네 오빠에게 납치됩니다. 그 소녀는 집에 돌아가면 엄마에게 매를 맞을 게 두려워서 결국 그와 결혼을 합니다. 보쌈 결혼인 셈이었어, 라고 그녀는 제게 말합니다.

"나는 시댁에 살면서 열여덟 살에 딸을 하나 낳았어. 딸이 초등학교 4학년일 때 남편이 서울로 올라가자고 해서 서울 생활을 시작했어. 서울엔 친구는커녕 아는 사람 하나 없었지. 서울은 고개 들면 하늘이 안 보일 정도로 높은 빌딩이 많은 곳이라고 들었는데 그 정도는 아니었어. 하늘은 잘만 보였어. 그래도 낯선 곳이니까 익숙해지려고 버스를 타고 여기저기 돌아다니고 종점까지가 보곤 했어. 그 뒤 수많은 우여곡절을 겪다가 결국 이혼을 했어. 난 우울증에 걸린 듯했어. 하지만 일을 해야 했어. 먹고살아야 하니까. 이마트에서 판매원으로 일했어. 일은 야무지게 잘했지만 스트레스는 심했어. 경쟁이 너무 치열하니까.

중간 관리자들이나 손님들에게 인격적 대우를 못 받으면 에이, 이놈의 것, 그만둬 버려, 하고 울화가 치밀지. 그럼 나는 여행을 갔어. 산에도 가고 바다에도 갔어. 혼자서 잘도 갔지. 산에 가면 성취감이 느껴졌어. 나도 여기까지 올 수 있구나. 이제 내려가면 살 수 있겠구나. 그런 생각이 들었어. 산에서 내려올 땐 내려가면 어떻게, 어떻게, 살아 봐야겠다, 그런 다짐을 하곤 했어. 산에서 성취감 한 번 느끼는 데도 이렇게 많은 발걸음이 필요했는데 땅에서 내가 생각한 대로 쉽게 안 풀린다고 그만두면 안 되지, 라고 생각하며 내려왔어.

산에 가면 냄새가 좋아서 코를 벌름벌름대며 숨을 쉬곤 했어. 산에 온갖 냄새가 살아 있어서 좋았어. 냄새조차도 죽지 않고 그렇게 살아 있는데 내가 못 살 이유야 없다고 생각했어. 특히 비 온 뒤에 땅 냄새가 정말 좋았어. 나는 꽃에도 말을 걸고 나무에도 말을 걸었어. 바람이 나뭇가지를 흔들면 바람이 나무를 애무하는구나 생각했어. 바다에 가면 가슴이 빵 트였어. 속이 시원했어. 언젠가 누가 바다에 대해 쓴 글을 봤는데 그걸 읽으면서 속으로 이런 생각을 했어. 나처럼 힘들 때 왔나? 여기 와서 다 버리고 갔나? 그래서 글을 쓸 수 있었나?

네 번째 질문

나는 점점 여행을 좋아하게 되었어. 처음엔 힘들 때 갔는데 이젠 시도 때도 없이 가. 가기 전엔 일주일 정도 커피도 안 마셔. 여행 가서 휴게소에서 마시려고. 행여 잠들어서 중요한 걸 못 보게 될까 봐. 꼭 맨 앞자리에 앉지. 우리 언니들은 너는 맨날 돈 없다면서 여행은 뭐하러 다니냐고 하지. 나는 돈으로 살 수 없는 걸 준다네요, 라고 해.

나는 혼자 있을 때 책도 읽기 시작했어. 외로워서 보기 시작했던 것 같아. 1년에 열 권은 봤으면 좋겠지만 그렇게 빨리는 못 읽어. 모르면 되돌아가서 자꾸 봐. 읽으면서 좋은 건 나를 재발견하게 된다는 거야. 아, 이렇게 생각할 수도 있었겠구나, 나는 그걸 몰랐구나, 뭐 그런 거지.

박완서 작가를 좋아했어. 그녀도 힘들게 살았잖아. 아들을 잃고 남편도 잃고 어떻게 글을 썼을까 궁금했어. 내가 책을 읽을 때 항상 궁금했던 것이 한 가지 있었어. '이 사람들은 어떻게 이걸 말로 표현하지?' 그거였어. 생각만 해도 속에서 뜨거운 김이 올라오고 열불 나는데 이 사람들은 어떻게 해서 표현할 수 있었을까? 정말 궁금했어. 나는 말로 다 할 수 없는 고통과 수치, 모욕을 겪었어. 그런데 그 말로 할 수는 없는 게 내 인생에 가장 중요한 일이야. 나는 말로 표현 못 할 걸 남들이 표현한 걸 볼 때 기뻤어. 나는 못 한 걸 저 사람들은 해냈구나 싶었어. 요샌 버락 오바마 이야기를 읽어. 그 사람도 어려서 고생 많이 했어. 이렇게밖에 표현을 못 하겠네. 하지만 지금 말로 표현 못 하는 뭔가를 더 느끼긴

했어. 눈물 나온다고 해야 하나.

 책을 읽으면서 가만히 생각해 보니 나에겐 배움에 대한 갈증이 좀 있었던 거 같아. 우리 딸 어릴 때는 114 교환원 자격증 따보려고 책 사 들고 공부한 적도 있었어. 강의 들으려고 김해에서 서대전까지 찾아가기도 했어. 서울에 올라와선 판매사 자격증 공부를 했어. 지금 생각해 보면 판매사 교재는 화법 책이랑 비슷했던 것 같아. 사람과 대화하는 방법을, 아는 사람 하나 없는 낯선 곳에서 혼자 책 보고 배운 거야. 얼마나 많은 상상을 혼자 했겠어.

 요새 책을 읽으며 내 인생을 돌아보면 무던히도 노력했으나 현실로 이루어진 것은 없구나, 하는 생각이 들어. 왜 남편 하나 바라보고 의지를 꺾고 살았는지 후회가 되지. 그때 누가 내 옆에서 포기하지 말라고 격려하거나 도움을 줬으면 얼마나 다르게 살 수 있었을까 싶어.

 지금 내 삶은 운명이 아니야. 운명이라기보단 내 의지와 선택의 결과야. 내가 매사를 어중간하게 하다 그만둔 사람이라 그래. 지금 나는 가사 도우미로 일해. 직업에 귀천이 없다는 말을 나는 이렇게 이해해. 나를 필요로 하는 사람이 있는 데서 일하는 것이 귀한 일이라고. 나는 내가 수없이 포기한 사람이니까 남들이 포기하지 않게 도와주는 게 좋아. 책도 알고 보면 끝까지 포기하지 않은 사람이 쓴 거잖아. 난 내 덕분에 누가 힘내서 포기하지 않고 일을 할 수 있는 게 좋아. 그때 내가 귀하게 느껴져. 난 인기가 꽤 좋아. 찾는 사람이 많아. 이제 어디 가서든 혼자 잘살 것 같아."

네 번째 질문

저는 아주머니의 말을 듣고 좀 놀랐습니다. 제가 수많은 작가들의 말을 인용해서 하려던 말을 그녀가 다 해 버린 셈이니까요. 그것도 정말 담백하고 단순하게. 왜 책을 읽냐고요? 모르면 자꾸 되돌아가 다시 볼 수 있으니까요. (저는 이렇게 말하려고 했습니다. 오르한 파묵이 "우리는 편도 마차 승차권으로는 한 번 여행이 끝나고 나면 다시는 삶이라는 마차에 오를 수 없다. 그렇지만 만약 당신이 책을 한 권 들고 있다면 그 책이 아무리 이해하기 어렵고 복잡하더라도 당신은 그 책을 다 읽은 뒤에 언제든지 처음으로 되돌아가 다시 읽음으로써 어려운 부분을 이해하고 그것을 무기로 인생을 이해하게 된다."라고 했다고요.) 그리고 속에서 뜨거운 김 올라오고 열불 나서 말 못 한 걸 어떻게 표현하면 되는지 알 수 있으니까요. (저는 "비트겐슈타인은 말할 수 없는 것엔 침묵해야 한다라고 했지만요."로 시작하는 문장을 말하려고 했지요.)

◆

말할 수 없는 것에 대하여.

아주머니의 이야기에는 말, 기억, 위로, 이야기에 대한 많은 중요한 내용들이 들어 있습니다. 말할 수 없는 것에 대해 먼저 이야기해 보자면, 여러분은 말로 자신을 잘 표현하는 편인가요? 쓸데없는 말이라도 늘어놓지 않고선 못 배기는 편인가요? 할 말, 못

할 말을 속에 담지 않고 다 하는 편인가요? 남한테 차마 말하지 못한 것도 있나요? 말할 수 없다면 침묵하길 택하나요? 말할 수 없어서 답답할 땐 어떻게 하나요? 욕을 하나요? 우나요? 노래방에 가나요? 술을 마시나요? 한강에 가서 화풀이를 하나요? 라면을 먹나요? 혹시 뭔가 쓰나요? 그런데 이 세계가 할 말을 잃은 억울한 자들 투성이라고 생각한 적은 없나요?

남한테 말하기도 뭐하고 타인이 쉽게 도와줄 수도 없는 자신만의 문제를 가지고 있지 않은 사람은 드물 겁니다. 그런 문제가 얼마나 많든, 사람이 고유한 것은 독특한 자기만의 문제를 가지고 있어서가 아닐까 싶을 때도 있습니다. 말할 수 없는 문제를 가지고 있던 사람이 책을 읽다가 "딱 내 상황이네!" 혹은 "내 말이 그 말이야!"라고 생각하는 경우는 너무나 많습니다. 책은 (특히 문학은) 말할 수 없는 것을 말해 보려는 데서 시작됩니다. 책은 말만으로는 현실을 제대로 이해할 수도, 표현할 수도 없는 것을 애써 표현하려는 그 지점에서 시작됩니다. 말할 수 없는 것에 대해 침묵하는 게 아니라, 오히려 말할 수 없는 것, 말하기 어려운 것이야말로 말을 하게 하는 열정의 토대라는 것을 보여 주는 것이 삶에서 책이 차지하는 중요한 의미일 겁니다.

여러분은 "말하고 나니까 좀 살 것 같네.", "들어 줘서 고마워." 이런 말을 해 본 적이 혹시 없으신가요? "말하고 나니까 좀 숨통이 트여." 이런 말은요? 리카르도 피글리아란 작가는 자신의 책 제목을 아예 『인공호흡』이라고 해 버렸습니다. 인공호흡이 뭐지요? 숨 쉴 수 없는 사람을 숨 쉬게 하는 거잖아요. 『인공호흡』은 바로 '말할 수 없는 것에 대해선 어떻게 말해야 하는가'와 관련된 이야기입니다. 말할 수 없는 것을 말하게 하는 것이 바로 인공호흡인 거죠.

　책을 읽는 동안 우리는 자신이 겪는 일을 조금 더 잘 이해하게 됩니다. 책을 읽는 것은 자신의 삶을 다른 사람의 삶에 비추어 보는 경험이기도 하니까요. 그러는 동안 조금씩 조금씩 더 잘 말할 수 있게 됩니다. 우린 시간이 지나면 지금 겪는 고통은 다 잊는다고 합니다. 그러나 시간이 지나도 잊을 수 없는 고통도 있습니다. 지금 청춘이 겪는 고통은 세월이 흘러도 오랫동안 계속될 것입니다. 뭔가 큰 변화가 생기기 전까지는요.

◆

　위로에 대하여.

　아무래도 잊을 수 없는 고통이나 슬픔에 대해서 우린 어떻게 해야 하나요? 우린 위로란 말에 마음이 흔들립니다. 그렇지만 자신을 스스로 충분히 존중하지 못하는 사람은 어쩌다 받은 위로조차 의심하기 마련입니다. 세계뿐 아니라 자신에 대해서도 비판적인 사유를 할 수 없습니다. 자신을 충분히 존중하지 못하는 사람일수록 사랑과 위로만 찾게 되지만 그런 사람은 막상 사랑과 위로가 쏟아져 내려도 진심으로 받아들이지 못합니다. 그래서 위로가 필요한 사람은 어떻게든 자신을 존중할 방법을 찾아야 합니다.

릴케는 『젊은 시인에게 보내는 편지』에서 젊은 시인들에게 몇 가지를 당부했는데 그중에 한 가지는 삶은 원래 무섭다는 것을 인정하란 거였습니다. 삶이 지닌 무서움을 강하게 부정하는 사람은 결국 산 자도 죽은 자도 아닌 상태가 될 거라고요. 슬픔을 극복하지 못한 사람에게 남는 건 안타깝게도 무감각뿐이라고 합니다. 릴케는 위로란 것은 따지고 보면 마음을 잃어버리는 것의 한 형태이며 시간은 사람들이 말하듯 절대로 위로가 될 수 없고 시간은 기껏해야 정리를 해 주고 질서를 줄 뿐이라고 합니다. 그리고 그 시간이 주는 질서라는 것은 우리들을 망각이나 나약함으로 이끌어 간다고 합니다.

그렇다면 우린 고통을 어떻게 극복할 수가 있죠? 다른 방식의 위로란 것도 있을까요? 고통이 잊을 수 없는 거라면 우린 조금 욕심을 부려야만 합니다. 좋아, 너에게서 내가 의미를 끌어내 보겠다, 너를 승화시켜 보겠다, 너랑 싸워 보겠다, 이런 용기가 필요합니다. 적어도 고통은 없다는 듯이 굴지 말아야 합니다. 진짜 오만한 사람은 그 무엇에도, 자신의 고통에도, 타인의 고통에도 상처 받지 않으려 애쓰는 사람입니다. 릴케는 사랑하는 사람이 죽는 고통에 대해서 이렇게 말합니다. "이미 죽어서 사라진 것도 나의 마음속으로 스며들었습니다. 내가 이미 사라진 사람을 찾을 때마다 그 사람은 나의 내부에서 독특하고 이상한 모습으로 나타나곤 합니다. 그리고 그 사람이 아직까지 내 마음속에 남아 있다는 생각만 해도 가슴이 벅차오릅니다." 그때마다 그는 모든 정열을 바쳐서 마음속에 있는 그 사람의 존재를 보다 깊게 하고 영광스럽게 하려 애를 씁니다. 그럴 때는 사라진 그 사람이 자기 마음에서 우세해진다고 느낍니다. 자신을 슬프게 하는 존재가 자기 안에 영광스럽게 나타나는 거죠.

오스카 와일드도 『옥중기』에서 릴케와 비슷한 말을 했습니다. 감옥에 있으면서 울지 않는 날은 마음이 즐거운 날이 아니라 굳어 버린 날이라고. 그래서 그는 슬픔과 고통을 애써 잊으라는 말을 거부합니다.

> 그것은 영혼을 부정하는 것과 같은 것이다. 왜냐하면 육체가 모든 종류의 평범한 (중략) 것들을 섭취하여 (중략) 아름다운 살덩이의 형태, 머리카락, 입술, 눈의 색과 그 곡선 등으로 바꾸는 것과 마찬가지로, 전환기에 선 영혼도 육체와 같은 영양 섭취 구조를 갖고 있으며, 그 자신에게 있어서 비열하고 잔인하며 굴욕적인 모든 것을 진지한 사고의 흐름이나 고귀한 정열로 바꿀 수 있기 때문이다. 아니, 그뿐만 아니라 오히려 영혼은 이러한 것들 속에서 그의 주장을 위한 최선의 방법을 얻을 수 있으며, 원래 그를 모독하고 파괴

하려고 했던 것을 통해서 그 자신을 가장 완벽하게 나타낼 수 있는 것이다.

그는 고통을 겪고 있는 사람에게 중요한 것은 표현이라고 생각했습니다. "표현이라는 것은 마치 감옥의 벽 위에서 항상 바람에 나부끼고 있는 검은 가지에 잎과 꽃이 꼭 있어야 하는 것처럼 나에게는 그야말로 필수 불가결한 것이다."라고 말했습니다. 표현은 형식을 갖추어야 합니다. 다른 사람의 '형식'으로는 아무래도 자신의 고통을 표현할 수가 없기 때문입니다.

오스카 와일드는 형식이야말로 인생의 비밀이라고 말했습니다. 슬픔을 표현하려고 애쓰면 슬픔은 귀중한 것이 되고 기쁨을 표현하려고 애쓰면 환희는 커집니다. 이런 식으로 단순히 표현하는 것이 위로의 한 방식이 된다는 거죠. 진심으로 위로가 필요할 때, 정작 남들의 선량한 위로들이 공허하게만 느껴질 때가 있습니다. 부드럽지만 깊이 와 닿지는 않습니다. 결국은 자신이 자신의 슬픔과 고통을 표현할 방법을 찾아내야 합니다.

그런 점에서 보면 책은 무언가의 형식이라고 할 수도 있습니다. 예를 들면 『로미오와 줄리엣』은 셰익스피어가 일찍 죽은 어린 아들을 애도하는 형식이었을 수 있습니다. 『이반 일리치의 죽음』은 톨스토이가 남들 눈에 그럴싸해 보이는 것 말고도 삶에는 다른 것이 있음을 말하는 형식이었을 수 있습니다. 『사물들』은 조르주 페렉이, 행복을 추구하는 동안에 잃어버리는 빛나는 시간들에 대해 말하는 형식일 수 있습니다. 『휴먼 스테인』은 필립 로스가 역사와 정치가 개인에게 묻혀 놓은 더러운 얼룩에 대해서 말하는 형식일 수 있습니다. 우린 포기가 어떻게 표현되었나, 슬픔이 어떻게 표현되었나, 양심은, 두려움은, 좌절감은, 위로는 어떻게 표현되었나를 책에서 볼 수 있습니다.

책 읽기도 형식입니다. 발터 벤야민은 "사랑에 빠진 남자는 자신이 읽은 모든 책에서 사랑하는 여인의 모습을 찾아보게 된다."라고 말합니다. 그럴 때 그에게 책 읽기는 사랑하는 사람의 표정과 몸짓이라는 형식을 발견하는 행위입니다. 그는 읽는 동안에도 변함없이 누군가를 사랑하고 있었던 겁니다. 우리도 우리의 딜레마, 고통, 슬픔을 표현하려 합니다. 어떤 방식이 될까요? 타협이냐 대결이냐, 망각이냐 묵비권이냐 여러 가지가 있겠죠.

한 마리 강아지를 쓰다듬을 때도 우리의 고뇌가 무겁게 묻어납니다. 지하철에서 창밖을 바라볼 때도 묻어납니다. 떨어지는 벚꽃을 바라볼 때도 묻어납니다. 어떻게 표현하든 그 또한 그 시절에 자신이 선택한 자기 자신일 겁니다. 어쩌면 삶 전체도 하나의 형식일 겁니다. 누구는 좌절감을, 누구는 비애를, 누구는 정열을, 누구는 사랑스러움을 표현하겠지요. 자기만의 형식으로요.

◆

기억에 대하여.

마르케스라면 고통에서 의미를 끌어내기 위해선 이야기를 해야 한다고 했을 겁니다. 그에게 삶은 "한 사람이 살았던 것 그 자체가 아니라 현재 그 사람이 기억하고 있는 것이며, 그 삶을 얘기하기 위해 어떻게 기억하느냐 하는 것"이었습니다.

보르헤스에게 삶은 기억 속의 시간이었습니다. 보르헤스는 말합니다.

저의 인생을 돌이켜보면, 즐거웠던 시간보다 괴로웠던 시간이 훨씬 더 많습니다. 저에게 시간은 주로 기억 속에서 존재합니다. 현재는 항상 요동치고 괴로움을 던져 주지만 과거나 미래를 생각할 때면 마음이 가라앉습니다. 마음의 고요는 결코 현재 속에서 찾을 수 없습니다. 현재는 항상 불안정하고 깨어지기 쉽기 때문입니다. (중략) 삶이란 너무나 가련해서 역설적으로 불멸이 되지 않을 수 없습니다. (중략) 인간 자신은 어쩔 수 없이 망각과 시간으로 만들어졌습니다. 어쩌면 멜로디 한 소절보다 짧을지도 모르는 인간은, 결국 시간일 뿐입니다.

— 김홍근, 『보르헤스 문학 전기』

자기 인생 전체를 하나의 긴 이야기라고 생각해 본다면, 자기 인생 전체를 하룻밤의 꿈이라고 생각해 본다면 우린 어떻게 뒷이야기를 이어 갈까요? 혹은 인생을 한 편의 긴 여행이라고 본다면 어떨까요? 우린 기억을, 경험을 어떻게 이야기하게 될까요?

　　"삶은 기억이다."라는 마르케스의 말이, 삶을 이야기할 때 시간대별로 그대로 이야기해야 한다는 뜻이 아니라는 건 알 겁니다. 결국 삶은 기억이라는 이야기의 형식이고 삶의 의미 또한 그 이야기를 어떻게 하느냐로부터 구해질 것입니다. 모욕이라는 망치가 나의 영혼을 때렸을 때, "아야, 아파!"라고 외치거나 기쁨이라는 파도가 나의 영혼을 드높였을 때, "아이, 좋아!"라고 소리 지르는 것에 어떤 의미가 있을까요? 그 모욕과 기쁨을 적절하게 묘사하고 이야기할 때 의미의 윤곽이 비로소 드러나는 것입니다. 기억은 과거의 복제가 아니라 선택이자 맥락의 부여이고, 그래서 과거를 이야기하는 순간 벌써 창조는 일어납니다.

　　기억이라 하면 과거의 일만 생각하지만 미래에 대한 기억도 있습니다. 우린 종종 "내가 원래 이렇게 살려고 했던 것은 아니었어."라는 말을 합니다. 그건 바로 미래에 대한 기억을 염두에 둔 것입니다. 우리는 과거의 일만 잊어버리는 게 아니라 미래의 일도 잊어버립니다. 미래에 대한 기억상실이 있는 거죠.

　　그러나 기억은 연결입니다. 기억이란 것은 과거의 나와 미래의 나(우리가 되고 싶었던, 꿈꾸었던 존재. 하지만 망각했던 존재.)를 애써 연결시키는 것입니다. 바로 그럴 때 우리는 그것이 아무리 비참해도 현재를 하나의 과정으로 받아들일 수 있습니다. 현재를 공정이 마무리된 결과물이나 이야기의 결론이 아니라고 받아들일 수 있습니다. 현재는 진행되는 이야기의 한 지점입니다. 우리가 만약 그 이야기를 바꿔서 이야기한다면, 과거와 미래를 달리 연결시킨다면 현재 또한 변화할 것입니다. 그러니 어떻게 이야기할 것인가는 너무나 중요한 문제입니다.

어떤 남자가 스무 명의 여인을 똑같이 사랑했다 해도 그들 모두의 모든 일을 다 기억할 수는 없을 겁니다. 그중에 특별히 기억에 남는 것들이 앞날의 자신에 대해서도 중요한 것을 알려 주는 연결 고리일 겁니다. 중요한 것은 모든 것을 기억하는 것이 아니라 그 기억을 다시 만나는 것입니다. 하지만 고통을 겪어도 남의 눈에 비치는 자기밖에 생각하지 못하는 사람은 기억도, 이야기도 못 합니다. 왜냐하면 그 사람은 다른 사람들이 보는 현재의 이미지에만 연연하느라 과거의 자신과 미래의 자신을 연결시키지 못하니까요. 또한 고통을 겪어도 완전히 고립되어 있는 사람은 기억도, 이야기도 못 합니다. 고립은 삶의 맥락을 잡지 못하게 하니까요.

나의 삶이란 것도 누군가에게는 자기 삶을 이야기하기 위한 하나의 기억이 아닐까요? 어머니는 아들의 기억이 될 테고 선배는 후배의 기억이 될 것입니다. 가해자는 피해자의 기억이 될 것입니다. 우린 그런 연속선상에 있습니다. 그리고 우리의 삶을 이야기의 관점에서 본다면 우리의 삶이란 것도 누군가의 삶에 끼어든 이야기 아닌가요? 그렇다면 결국 나의 이야기가 아니라 우리들의 이야기가 있는 것 아닐까요? 파트릭 모디아노는 우리의 삶도 누군가의 기억 속에 끼어든 하나의 이야기란 걸 말하는 형식으로 『어두운 상점들의 거리』를 썼습니다. 그 소설의 신비로움과 아름다움은 내 기억과 이야기는 절대적으로 타인을 필요로 한다는 데서 나옵니다. 우린 우리를 기억할 이를 찾아 어두운 거리로 걸어갑니다.

◆

다시, 위로에 대하여.

제가 생각하는 최고의 위로 중 하나는 타인의 아름다움을 보는 것입니다. 자연의 아름다움을 볼 때 마음이 풀어지는 경험을 다들 해 보셨을 겁니다. 한 사람의 아름다움도 그런 위로를 줍니다. 프리모 레비의 아우슈비츠 수용소 이야기 『이것이 인간인가』에는 이탈리아 민간인 노동자인 로렌초가 나옵니다. 로렌초는 여섯 달 동안 매일 레비에게 빵 한 쪽과 자기가 먹고 남은 배급 음식을 갖다 주었습니다. 누덕누덕 기운 자기 스웨터를 선물로 주고 레비를 위해 이탈리아로 엽서를 보내 주었고 답장을 전해 주었습니다. 그리고 이 모든 일에 대해 그는 어떤 보답도 바라지 않습니다. 레비는 이렇게 말합니다.

> 나는 지금 내가 이렇게 살아 있게 된 것이 로렌초 덕분이라고 생각한다. 물질적인 도움 때문이라기보다는 그의 존재 자체가 나에게 끝없이 상기시켜 준 어떤 가능성 때문이다. 선행을 행하는 너무나 자연스럽고 평범한 그의 태도를 보면서 나는 수용소 밖에 아직도 올바른 세상이, 부패하지 않고 야만적이지 않은, 증오와 두려움과는 무관한 세상이 존재할지 모른다고 믿을 수 있었다. 정확히 규정하기 어려운 어떤 것, 선(善)의 희미한 가능성, 하지만 이것은 충분히 생존해야 할 가치가 있는 것이었다. (중략) 로렌초는 인간이었다. 그의 인간성은 순수하고 오염되지 않았다. (중략) 로렌초 덕에 나는 내가 인간이라는 사실을 잊지 않을 수 있었다.

무슨 일을 겪든 자신이 한 인간이란 것을 잊지 않게 자극하는 것이라면 뭐든지 위로가 될 겁니다. 마지막 잎새 한 잎조차도요.

책은 우리에게 대놓고 무엇을 가르쳐 주는 것도, 위로하는 것도 아닙니다. 다만 책은 자꾸 자신을 만나게 합니다. 돌아보게 합니다. 이 돌아봄의 의미는 큽니다. 우린 어떤 일을 완성하기도 전에 그 결과부터 그려 보곤 합니다. 그러나 바로 그런 순간에 우린 인생을 하나의 도구로 생각합니다. 하지만 바로 돌아봄이라는 행위를 통해 우리는 인간이라면 어떻게 살아야 하는가를 생각하게 됩니다. 돌아봄을 통해서 우리의 현재는 책 속의 새 챕터가 됩니다. 우리는 그 새로운 챕터에서 뭔가 새로 시작할 마음을 가질 수 있습니다. 앞서 이야기한 가사 도우미 아주머니의 말대로 자신을 재발견하게 됩니다. 조금씩 말할 수 있게 합니다. 과거의 고통조차도 의미를 갖게 되고 우릴 도울 수 있습니다. 그래서 슬픈 기쁨이란 것도 있습니다.

물론 모든 책이 그런 것은 아닙니다. 현실을 덮어놓고 무마하려는 게 목적인 빤한 책은 그렇게 못 합니다. 말할 수 없는 것을 표현한 게 아니라 말하기 쉬운 것들을 이렇게 저렇게 듣기 좋게 변주했을 뿐인 책은 그렇게 못 합니다. 진정한 위로는 진정한 희망이 그러하듯, 상황을 좋게 보는 데서 생기는 게 아니라 상황을 있는 그대로 보는 데서 생겨나는 것입니다.

가사 도우미 아주머니는 자신을 필요로 하는 곳에 자신이 있는 것이 귀한 일이라고 했습니다. 그걸 알게 된 자체가 그녀에게 위로였을 겁니다. 당신을 위해 이런 사람이 되고 싶어, 라는 깨달음. 이것이 자신을 위한 최고의 위로법일 겁니다. 누군가의 위로에 앞서 우리에겐 비참하게 찢긴 마음이 있기 때문입니다. 비참하게 찢긴 상처투성이인 자신을 스스로의 힘으로 더 나은 사람으로 만들고 느끼는 것, 이거야말로 정말 근사한 일입니다. 최고입니다. 말할 수 없었던 것을 말로, 자기 삶으로 표현하게 되면 정말 멋진 일이 일어납니다. 그래서 위로는 자기 자신과의 화해이고, 타인을 향한 용기이고, (고통의 망각이 아니라) 고통으로부터의 해방입니다. 그러니까 진정한 위로는 기억이 그러하듯 자기 안에서 일어나는 자기 창조입니다.

이렇게 해서 말할 수 없었던 것이 어떻게 표현되는지를 눈여겨보던 이 가사 도우미 아주머니가 제게 네 번째 질문에 대한 답을 알려 줬습니다.

다섯 번째 질문

책이 쓸모가 있나요?

자기 계발의
진정한 의미

책이 쓸모가 있을까요? 저는 그렇다고 믿지만 그래도 지금부터 한 번 더 천천히 생각해 볼게요. 우선 책이 쓸모가 있는지를 말하기 전에 왜 책이 쓸모가 있느냐고 물었는지 알 것 같습니다. 우리에겐 정말 뭐든지 쓸모가 있어야 한다는 강박관념이 있지요. 조금이라도 튀는 일을 하는 사람은 내가 지금 쓸모없는 일을 하고 있지는 않나 자신을 변호하거나 설명하려는 성향이 생겨나 버렸고요. 아이들은 쓸데없는 짓 한다고 야단맞기 일쑤입니다.

그러고 보니 안데르센은 이미 오래전에 「쓸모없는 여자」란 동화를 썼습니다. 그 동화는 가난한 엄마에 관한 이야기입니다. 그 엄마는 병들고 가난한 세탁부인데 하루 종일 찬물에서 일을 하다가 저녁이면 몸을 덥히려고 술을 좀 마십니다. 아이 엄마에게는 귀여운 아들만은 고생시키지 않겠단 꿈이 있습니다. 그 마을의 시장은 가난한 여자의 아들에게 너희 엄마는 쓸모없는 여자라고 합니다. 가난하고 병들었고 술을 마시니까요. 아이 엄마는 결국 빨래를 하러 갔다가 찬물에 빠져 죽는데 장례식에서 아이는 울면서 물어요. "우리 엄마는 정말 쓸모없는 사람이었나요?" 여러분은 어떻게 생각하세요?

　　오랫동안 책은 이 사회의 논리 안에서 난 정말 잘나가고 있어, 라고 생각한 사람들이 쓴 것이 아니었습니다. 그와는 반대로 이 사회가 이대로 가면 곤란하다고, 이 세상엔 바꿔야 할 점이 있다고 생각한 사람들이 문제 제기를 해 보려고 정력을 쏟아부은 것에 가까웠습니다. 자신은 이 사회가 요구하는 방식대로라면 별 쓸모가 없다고, 그런 방식대로 살고 싶지도 않다고 생각하는 사람들의 안식처가 되기도 했습니다. 이 사회가 돌아가는 모습을 걱정하는 사람들이 쓰고 이 사회에서 결핍을 느끼는 사람들이 읽는 것이 책이니 책이 쓸모가 있는가 하는 문제는 대체 무슨 쓸모를 말하느냐에 따라 달라지겠죠. 승진을 보장한다거나 리더가 된다거나 하는 쓸모라면 대부분의 책엔 아예 그런 요소가 없다고 볼 수 있습니다. 요리 책이나 뜨개질 책 같은 실용서가 아니라면 책은 그렇게까지 당장의 쓸모를 제공할 만큼 실용적이지 않습니다. 오히려 책은 아주 비실용적입니다. 책은 한 끼 식사를 거들 힘도 없습니다. 이것을 읽으면 성공할거야, 라고 유혹하는 책은 삶의 복잡한 변수들을 깡그리 무시한 조야한 세계관을 드러낼 뿐입니다. 그러니 책은 쓸모가 없다고 일단은 말해 둘 수도 있겠죠.

하지만 쓸모가 없어도 절대로 없어지지 말아야 할 것들이 있습니다. 일단 우리 삶이 그렇습니다. 우선 삶 자체가 쓸모만으로는 이해가 불가능합니다. 아무리 생각해도 우리는 태어난 이유를 모릅니다. 뭐가 되려고, 뭐에 쓰이려고 태어났는지 알면 좋을 텐데요. 사르트르는 재주를 갈고닦아 봤자 그걸 어디다 쓸지 알아야 말이지요, 라고 했지요. 그런데 혹시 자코메티란 조각가를 아세요? 그는 자기 직업을 다른 무엇과도 바꾸지 않을 만큼 사랑했습니다. 진짜 멋진 일이죠. 그런데 그가 어느 날 오토바이 사고를 당했습니다. 그때 그가 한 말이 "아, 그러니까 난 무엇을 위해 태어난 게 아니구나. 심지어 조각가가 되려고 태어난 것도 아니구나!"였답니다. 자코메티는 삶이 허무하다거나 철저히 우연이란 말을 하려는 게 아니라 삶은 이유가 없다는 말을 하려는 겁니다.

우린 멸시받으려고 태어나지 않은 것처럼 부자가 되려고 태어난 것도 아닙니다. 우린 조각가가 되려고 태어난 것이 아닌 것처럼 의사, 변호사가 되려고 태어난 것도 아닙니다. 그런데도 우리는 계속 목표를 세워 그걸 달성하기 위해 자기 삶을 사용하죠. 마치 그걸 위해 태어난 것처럼요. 삶 전체가 이유가 없는데, 무엇을 위해서 태어난 게 아닌데 자기 삶을 무엇인가를 위한 수단으로만 생각한다는 게 어딘가 이상하지 않으세요?

그런데도 우리가 쓸모를 말하는 데는 또 그럴 수밖에 없는 이유가 있습니다. 그건 우리가 실리 위주의 실용주의 세계에 살고 있기 때문이겠죠. "인간은 사회적 동물"이란 아리스토텔레스의 말은 이제 잊혀져 가고 인간은 경제적 동물이라는 생각이 지배적이 되어 버렸습니다. 우리의 선택은 늘 수지 타산이 맞아야 하는 데다가 우리 자체도 쓸모 있는 사람이 되도록 최선을 다해야 합니다. 인간의 삶은 어떤 결과를 내느냐 마느냐 하는 기능으로 축소되어 있습니다. 가치가 있다는 것은 고용될 가치가 있다는 뜻이고, 자아실현이란 높은 직책에 오르는 걸 말하고, 행복은 시장에서 찾아야 하는 상황이라면 우린 자기도 모르게 삶에 대해 쓸모를 말할 수밖에 없습니다. 나는 대체 왜 태어났을까? 뭐하려고 태어났을까? 이 말의 형이상학적 슬픔엔 이제 노동의 피로와 실패의 비참함까지 더해졌습니다.

다른 이유도 있습니다. 우린 그 어느 때보다 기대 수명이 높은 시대를 삽니다. 우린 어쩌면 아주 오래 살지도 모르는데 세상은 너무나 빨리 변합니다. 일자리는 누가 봐도 점점 줄어듭니다. 예전엔 죽음에 대한 공포가 차지했던 자리를 다른 공포가 차지합니다. 바로 삶에 대한 공포입니다. 삶이 눈앞에서 천둥, 번개, 우박, 눈, 비를 내리치며 예측 불가능한 기후처럼 우리를 덮치려 합니다. 오래 살아야 되는데 할 일이 없으면 어떡하죠? 불안합니다. 일이 있어도 불안하고 불만족스럽습니다.

다섯 번째 질문

로댕은 늘 자신의 친구들에게 한마디로 인사를 건넸다고 합니다. "일은 잘되십니까?" 일을 잘하고 있다면 그는 고개를 끄덕이며 갔다고 합니다. 일을 잘하고 있다면 그에겐 만사 오케이였습니다. 자신이 하고 있는 일, 그 의무를 다했다는 느낌이 자존감과 안정감을 보장하던 시기의 이야기입니다. 페터 한트케는 『페널티킥 앞에 선 골키퍼의 불안』에서 우리 삶의 일상을 "페널티킥 앞에 선 골키퍼의 불안"에 빗대어 말하고 있습니다. 골키퍼의 불안은 이런 겁니다.

> 골키퍼가 공도 없이, 그러나 공을 기다리면서 이리저리 뛰는 모습을 본다는 것은 우스운 일이지요. 골키퍼는 저쪽 선수가 어느 쪽으로 찰 것인지 숙고하지요. 그가 키커를 잘 안다면 어느 방향을 택할 것인지 짐작할 수 있죠. 그러나 페널티킥을 차는 선수도 골키퍼의 생각을 계산하지 않을 수 없습니다. (중략) 공을 차기 위해 키커가 달려 나오면, 골키퍼는 무의식적으로 슈팅도 되기 전에 이미 키커가 공을 찰 방향으로 몸을 움직이게 됩니다. 그러면 키커는 침착하게 다른 방향으로 공을 차게 됩니다. 골키퍼에게는 한 줄기 지푸라기로 문을 막으려는 것과 똑같아요.

이런 상황에서 우린 스스로 남들보다 쓸모 있고 싶어 합니다. 어떻게든 쓸모 있어 보이고 싶어 합니다. 선택당하고 살아남고 싶어 합니다. 점점 삶에 대해 방어적이 되고 계산적이 되고 경쟁적이 됩니다. 순종적이 되고 안정과 확실한 것을 추구합니다. 안주하게 됩니다. 당장 쓸모없어 보이는 일에는 무관심하게 됩니다. 질투심은 강해집니다. 깊이 가라앉아 질문을 던지고 해답을 구하는 내면이 우리에게 있었다는 것조차 잊게 됩니다.

그러다 보니 손을 내밀어 붙잡는 것은 성공에 관한 책이나 긍정 심리학 책이나 자기 계발서들입니다. 긍정 심리학 책들은 사실상 '마법'의 세계를 보여 줍니다. 간절히 원한다, 원한다, 원한다, 수리수리 마수리 주문을 외면 원하는 것을 갖게 되지요. 이런 방식은 우리를 안심시킵니다. 뭔가 지금 당장 해 보게 하니까요. 자기 자신에게 주문을 걸게 하니까요. 성격을 바꾸면 만사가 해결될 수 있다는 것이 거짓 환상임을 미처 모르고 우린 계속 주문을 외웁니다. 우리는 그런 책들을 읽고 컴퓨터 앞에 앉아 당장 고쳐야 할 것, 과감히 포기해야 할 것의 목록을 만듭니다. 그런 목록을 만드는 과정에서 우리는 위로를 받습니다. 방학이 시작되자마자 빽빽한 시간 계획표를 만들고 보람찬 방학을 보낼 것 같은 환상에 젖는 아이처럼 말이지요.

그렇지만 우리 시대의 마법은 따로 있습니다. 같은 병을 앓고 있다면 유대감이 생기기 마련인데 그 유대감 대신에 개인이 점점 원자화되는 것, 그것이 우리 시대의 흑마술입니다. 댄 하인드는 『대중이 돌아온다』에서 현대를 '정신 질환과 자기 계발이 대유행인 시대'로 규정합니다. 그는 "자기 계발만이 미덕인 사회"에 대해 이렇게 씁니다.

> 개인의 책임에 대한 강조는 앞으로 예상되는 높은 구조적 실업률에 비추어 보면 정말 무책임하고 악의적이다. 개인이 아무리 열심히 노력해 봤자, 현 경제 시스템은 우리를 점점 덜 필요로 하게 되니까 말이다.
> 고용 불안으로 우울증과 불안에 시달리는 사람들에게 주어지는 처방은, 심리적, 경제적 압박을 일으키는 구조적인 힘에 대항하는 것과는 전혀 무관하다. 이 맞춤형 근심 해소 방안들은 긍정적 사고 훈련, (중략) 성장 과정이 성인의 자기 이해에 끼치는 부정적 영향을 축소하는 심리 치료에 이르기까지 다양하다. (중략)
> 베스트셀러 『시크릿』과 끝없이 쏟아져 나오는 그 아류들, 각종 웹사이트와 DVD 등이 제시하는 처방은 등장한 지 벌써 100년도 넘은 요법에 약간씩 변형을 가한 것으로, 19세기 말 미국에서 발달한 소비 문화에서 그 기원을 찾아볼 수 있다.

안정되고 싶은 것은 너무나 당연한 욕망입니다. 자기 계발서나 긍정 심리학 책들은 안정되고 싶어 하는 우리 마음의 조급하고 약한 부분을 파고듭니다. 뭔가 조금이라도 자신을 격려하면서 살 수만 있다면 뭐라도 해 보고 싶은데 의지할 다른 발판이 없기 때문에 이런 책들을 읽습니다. 파고 들어가 보면 우리 시대에 유행하는 자기 계발서의 논리는 단 하나입니다. "자, 이렇게 하면 너는 무사해! 너는 괜찮아. 나처럼 되고 싶지? 내가 시키는 대로 해 봐. 너도 할 수 있어. 세계는 너에게 영향을 미치지 못해. 안심해. 이 방법이 확실해!" 가짜 약 장수들의 소리가 시장 바닥에 울려 퍼지는 격입니다.

    사적으로 문제를 해결할 것을 강조하는 자기 계발서의 논리가 공허한 것은 우리에겐 세계가 있기 때문입니다. 세계는 점점 더 우리를 옥죕니다. 세계가 우리에게 어떻게 영향을 미치느냐. 밀란 쿤데라는 세계가 인간의 크기를 결정한다고 했습니다. 지금같이 자본이 기승을 부리는 세상이라면 우린 다 아주 작게 쪼그라들어 버릴 것입니다. 세계가 기침 한 번 하면 작아진 우리는 공중으로 날아가 버리거나 땅 밑으로 꺼져 버릴 것입니다. 결국 우리에게 꼭 필요한 것은 안정된 것이 아니라 불완전한 것에서 지혜를 찾아내는 것입니다. 우리는 세계의 무게 아래에서 양 어깨가 눌리고 허리가 휘어진 존재로서 해결책을 찾아내야 하는 것입니다.

    밀란 쿤데라가 『참을 수 없는 존재의 가벼움』에서 존재의 가벼움, 무거움만큼이나 중요한 키워드로 삼은 것은 '키치'였습니다. 우리는 키치란 시시한 예술 작품을 가리키는 말 정도로 이해합니다. 그러나 쿤데라가 관심 있었던 것은 키치를 필요로 하는 키치적 인간, 키치적 태도였습니다. 거짓으로 예쁘게 보여 주는 거울에 자기를 비춰 보고 이를 통해 흡족한 마음으로 자신을 인정하는 인간. 그것이 바로 키치적 인간입니다. 어떻게든 보다 많은 사람들의 환심을 살 수 있길 바라는 태도. 그것이 바로 키치적 태도입니다. 쿤데라에 따르면 키치는 존재에 대한 확고부동한 동의에서 자양분을 끌어냅니다. 키치는 인간이라면 누구나 가슴으로 공감할 수 있는 손쉽고 분명한 것들에 기댑니다.

키치적 인간은 현실의 이면을 보지 않으려 합니다. 그저 주어진 현실을 수용합니다. 결국 우리가 찬양하는 키치는 현실과 존재에 대한 절대적 동의를 그 속성으로 하기 때문에 키치를 훼손하는 모든 것을 삶으로부터 추방하려 합니다. 추방된 것의 목록에는 아마도 이런 것들이 들어갈 겁니다. 청소 도구를 걷어차는 청소부, 정리 해고된 직장인, 취업을 거부하는 학생, "아니요.", "나는 그렇게 생각하지 않아요."라는 말 등등. 어느 때라도 감동받을 준비가 되어 있는 우리들은 손쉽고 분명한 감동을 불러일으키지 못하는 것들을 추방해 버립니다. 키치는 확실한 세계를 보여 주고 우리가 이미 좋아하는 것을 확인시켜 줍니다. 결국 쿤데라가 참지 못했던 키치는, 불확실함 속에서 지혜를 찾아내길 멈춰 버린, 가능하면 최대한 남들이 하는 것을 따라 하며 안도하는, 그렇게 획일적이 되려고 필사적으로 노력하는 우리 모습일 것입니다.

실리 위주, 쓸모 위주, 개인적인 해결 위주의 세계관은 우릴 두고 두고 괴롭힐 것입니다. 불안이 우리 인간성을 바꿔 놓는 것처럼 이런 세계관도 우리 인간성을 바꿔 놓습니다. 우리가 세계를 대하는 방식은 자신을 대하는 방식과 같습니다. 우리는 세계를 보는 대로 자기 자신을 봅니다. 세계를 실리 위주로 본다면 자기 자신도 실리 위주로 봅니다. 타인을 쓸모 여부로 본다면 자신에게도 그런 시선을 돌립니다. "나는 쓸모없는 사람이야."란 말을 자기 입 밖으로 내뱉게 될 것입니다. 이것이 '관점'이란 것입니다. 책에 대해서도 마찬가지입니다. 책을 보는 바로 그 눈은 자신을 볼 때의 눈과 다르지 않습니다.

또 이런 문제도 있습니다. 우리는 가치 있게 생각하는 것일수록 계산하기가 힘듭니다. 용기를 낼 때 계산기를 두드려 용기를 냅니까? 친구를 도울 때 나에게 오는 이득을 셈해서 돕습니까? 사랑을 할 때 쓸모를 생각하고 사랑합니까? 신뢰를 계산할 수 있을까요? 우리가 어려울 때 기댈 수 있는 모든 소중한 것들이 계산하기가 힘듭니다. 우정이나 사랑은 계약관계와는 다릅니다. 우정과 사랑은 믿음에 가깝습니다. 모든 것에 대해 쓸모를 따지기 시작하면서 나타나는 또 다른 큰 문제는 우리가 기댈 어깨를 밀쳐내면서, 우리가 디딜 발판을 무너뜨려 가면서 살아가게 된다는 겁니다. 우리는 어느새 우정과 사랑을 계약관계, 거래 관계로 보는 문화 속에서 살고 있습니다. 계산할 수 없는 것을 마치 계산할 수 있는 것처럼 취급하고 있습니다. 에이드리언 리치는 이것을 예리하게 관찰했습니다.

다섯 번째 질문

우리라는 말의 의미를, 당신이란 말의 의미를
잃어버렸다고 사람들이 말할 것이다.
우리는 우리 자신을 발견하였고
나로 축소되었으며
전체는 어리석고, 모순적이고,
끔찍하게 되어 버렸다.
우리는 개인적인 삶을 살려고 노력하고 있었다
그렇다, 그것이 우리가 증언할 수 있었던
단 하나의 삶의 방식이었다

하지만 그 거대한 역사의 검은 새들은 비명을 지르고
우리들 개인사의 변천 속으로 곤두박질쳤다
그들의 머리는 어떤 다른 곳에서 잘렸지만, 그들의 부리와 날개는
해안선을 따라, 너덜너덜한 안개를 통과하여
우리가 서 있는 곳까지 따라왔다, 나라고 말하면서

— 에이드리언 리치, 「그 시절에는」

    추락하는 것들, 파괴된 것들도 다 '나'란 이름을 가지고 있었습니다. 앞으로 추락하고 파괴되는 '나'가 내가 아닐 이유, 우리 자신이 아닐 이유는 하나도 없습니다.

책이 쓸모가 있나요?

우리 시대에 가장 오염된 말 중 하나는 바로 '자기 계발'입니다. 오스카 와일드는 『도리언 그레이의 초상』에서 헨리 경의 입을 통해 "인생의 목적은 자기 계발"이고 그것이야말로 "우리가 살아가는 이유"라고 말했습니다. 그렇지만 오스카 와일드가 말한 자기 계발은 우리 시대에서 통용되는, 스펙 쌓기를 통한 경쟁력 강화란 의미의 자기 계발과 그 의미가 판이하게 다릅니다. 그가 말한 자기 계발은 "자신의 본성을 완벽하게 깨닫는 것"이었습니다. 저는 자기 계발이 자신의 잠재력을 깨닫는 것이라고 생각합니다. 우린 잠재력이란 말도 "알고 보니 내가 미술에 재능(소질)이 있더라." 같은 말로 오해를 하고 있습니다. 그렇지만 진짜 잠재력은 "내가 이런 일을 할 줄 몰랐는데, 하는구나!" "나한테 그런 힘이 있는 줄 몰랐는데, 있구나!" 같은 것입니다.

진짜 잠재력은 다른 사람이 될 가능성입니다. 다른 존재가 되려면 질문이 필요합니다. "아, 불안해, 불안해."라고 하는 것과 왜 불안한지 묻는 것은 다릅니다. "아파, 아파!"라고 하는 것과 왜 아픈지 묻는 것은 다릅니다. 다른 존재가 되려면 믿음과 의지가 필요합니다. 불안 속에만 있는 것과 불안 속에만 있지 않으려 하는 것은 다릅니다. "불안하기 때문에"가 아니라 "불안하지만"이라고 말하는 것은 다릅니다. "아프기 때문에"가 아니라 "아프지만 그러나"라고 말하는 것은 다릅니다.

다른 존재가 되려면 용기가 필요합니다. 차라투스트라는 아예 이렇게 외쳤습니다.

용기를 내라, 그게 어쨌단 말인가! 얼마나 많은 일이 아직도 가능한가! (중략) 그대들이 실패했고 반밖에 성공하지 못했다 하더라도 무엇이 이상한가, 그대들 반쯤 파멸한 자들이여! 그대들 속에서 거세게 밀치며 다가오지 않는가, 인간의 '미래'가?

— 프리드리히 니체, 『차라투스트라는 이렇게 말했다』

그런데 우린 혼자서는 변할 수 없습니다. 질문을 던지고, 믿음과 의지를 발휘하고, 용기를 갖는 것은 혼자 힘으로는 불가능합니다. 우리는 차라투스트라가 아닙니다. 아니, 우리는 누군가의 도움을 빌리면 차라투스트라가 될 수 있습니다. 우리는 믿을 만한 것을 꽉 움켜잡아야 합니다. 다른 존재가 되려면 자신의 경험을 좀 더 큰 맥락 안에서 볼 줄 알아야 합니다. 변화가 충분히 크다면 얼마든지 새로운 나를 만들 수 있습니다. 책이 쓸모가 있다면 바로 이 부분입니다. 카뮈는 이런 글을 썼습니다.

"그의 고뇌에 한계가 있는 한, 나는 그의 뜻을 수락했으며 나 또한 그 고뇌 속에 빠져 들었노라고 나는 그에게 말한다. 그러나 나는 그가 절망에 몸을 맡겨 버리거나 이성을 잃는다면 더 이상 그를 동정하지 않겠다고 말한다." 이 말의 어조에는 뛰어난 데가 있다. 어떤 종류의 영혼의 힘은 영혼의 표현을 통제함으로써 불행에 한계를 그어 줄 수 있다는 사실을 이 어조는 말해 주고 있는 것이다. 그 영혼은 자신의 운명에 항거하여 투쟁하는 인간에게 언어의 여러

가지 위력을 제공함으로써 예술이 삶 속으로 파고들게 한다.

— 알베르 카뮈, 『스웨덴 연설·문학 비평』

이것은 카뮈가 『클레브 공작 부인』이란 책을 칭찬하면서 한 말입니다. 저는 『클레브 공작 부인』이란 책을 몰라서 더 이상 뭐라고 말하기 힘이 듭니다만 그래도 이 글은 니코스 카잔차키스가 말한 어떤 이야기를 떠오르게 합니다. 그는 『영혼의 자서전』에서 이런 이야기를 소개합니다.

적도 지역에서는 지극히 가늘고 실처럼 생긴 벌레가 인간의 피부를 뚫고 들어가 살을 파먹는다. 그러면 무당을 부른다. 그가 마술 피리를 불면 벌레가 홀려서 조금씩 몸을 펴면서 밖으로 나온다. 예술의 피리도 그러하다.

책은 바로 그런 쓸모입니다. 좋은 책은 우리의 영혼에 형태를 부여하고 고통에 한계를 주고 잘못된 생각을 끄집어내고 새로운 생각을 받아들이게 하는 마술 피리입니다. 책은 이 시대에 모든 인류의 피부를 뚫고 들어가 살을 파먹는 벌레들, 즉 우리 모두 다 같이 앓고 있는 그 온갖 불안과 고통에 대해서 생각해 보게 합니다. 책은 불안과 고통을 부정하는 것이 아니라 피리를 통과하는 공기의 선율과 리듬과 언어로 말함으로써, 불안과 고통을 극복하게 합니다. 책이 불안과 고통을 말하는 이유는 바로 미래를 생각하기 때문입니다.

◆

저는 얼마 전에 라디오 다큐멘터리 취재차 통영에 내려갔습니다. 차를 타고 가다가 이상한 마을을 발견했습니다. 마을 입구에 두 개의 커다란 장승이 서 있고 마을 안쪽엔 작은 십자가 크기의 작은 장승이 스무 개 남짓 서 있었는데 그 장승들이 좀 이상해 보였던 겁니다. 보통 장승은 "농자천하지대본"이라고 써 있기 마련인데 그 장승들엔 이런 글귀들이 써 있었습니다.

바다를 사랑하자, 촛불처럼, 소금처럼, 걸레처럼, 흙처럼, 빗자루처럼, 충무공정신, 사랑합니다, 바람처럼, 들꽃처럼, 구름처럼, 고맙습니다, 물처럼, 나는 누구를 위하여 무엇이 되어야 하나

대체 누가 왜 이런 장승을 세웠을까요? 장승을 세운 주인공은 그 마을에 사는 노인이었습니다. 시골 노인이라고는 하지만 얼굴이 정갈하고 기품이 넘쳐흘렀습니다. 그 노인은 장승 만드는 사람이자 풀 뽑는 사람이자 채송화를 심는 사람이었습니다. 노인은 젊어서 공부를 많이 하지 못했지만 나중엔 책 읽는 데서 기쁨을 느끼게 되었다고 했습니다. 책은 친구도 되고 스승도 되고 심심풀이도 되었습니다. 동네 서점 주인은 "어르신 같은 분만 있으면 책

장사 할 맘 납니다."라고 합니다.

    노인이 처음 이 마을에 들어올 때 마을 아이들 대부분이 중학교에 진학하지 못했습니다. 어서 빨리 학교를 마치고 농사일을 하거나 돼지를 길러야 했습니다. 그때 노인은 "우리가 배우지 못하면 계속 이렇게밖에 못 산다."라고 말했습니다. 그리고 아이들을 볼 때마다 공부는 잘 하고 있냐, 라고 물었습니다. 공부는 잘 하고 있냐, 라고 말하면서 아이들 머리를 쓰다듬어 주다 보니 아이들이 왔다 갔다 하면서 볼 만한 구절을 남겨 놓고 싶었습니다. 그래서 버려진 나무를 주워다 깎아서 장승을 만들고 글귀를 새겼습니다.

    노인이 장승에 새긴 글귀에는 또 다른 의미도 있었습니다. 나는 이렇게 살겠다라는 공개 선언이었습니다. 노인은 자기 삶에 대못을 꽝 박듯이 글귀들을 새겼다고 했습니다. 노인은 풀을 뽑는 것이 자기 수양이자 기도라고 생각합니다. 풀 한 포기 뽑을 때마다 헛된 마음을 한 자락씩 뽑아냅니다.

    6월에는 노인의 집 마당에 채송화가 가득 피어납니다. 저는 노인에게 채송화만 심는 이유를 물었습니다.

    "채송화의 다른 이름은 일락화예요. 하루만 폈다가 싹 져 버려요. 시들지도 않고 깨끗하게 져요. 이 나이가 되니까 그렇게 깨끗하게 피어 살다가 지는 것이 귀하게 느껴집니다."

    노인은 채송화를 기르다가 채송화가 하루 만에 져 버린다는

다섯 번째 질문

사실을 발견했고 나중에 책을 찾아 확인했다고 합니다. 제가 노인을 만난 날도 채송화 이야기를 나눴습니다. 하얀 채송화는 구하기가 힘들다고 했습니다.

오르테가 이 가세트는 우리가 살아온 인생길을 두루마리 책의 이미지로 생각해 봤습니다. 이 생각 속에서 우린 등 뒤에 두루마리 책 한 권을 지고 길을 가는 나그네입니다. 두루마리 책에는 우리의 과거, 우리가 알고 있는 온갖 이야기들이 들어 있을 겁니다. 오르테가 이 가세트는 이 이미지에서 출발해 "첫 번째 사랑과는 다른 두 번째 사랑을 만드는 인생의 지혜"에 대해 말을 합니다. 오르테가 이 가세트는 이 인생의 지혜는 바로 "인생 경험과 생애 커리큘럼"에서 나온다고 합니다. 저는 장승의 글귀와 채송화가 바로 인생 경험과 생애 커리큘럼에서 나온 지혜같이 느껴졌습니다.

이 장승의 글귀들은 살고 일하고 사랑한 남자가 미래의 희망을 위해 새겨 넣은 것들이었습니다. 이 글귀들은 미래의 아이들을 위한 씨앗이었습니다. 인간의 삶을 모래알이라고 하지만 노인은 모래알에서 뭔가 빚어냅니다. 흙에서 태어나 흙으로 돌아간다고 하지만 흙으로 뭔가를 키워 냅니다. 책 역시 그렇게 태어난 것입니다. 『독서일기』에서 알베르토 망구엘은 시인 아나 베시우의 글을 인용합니다.

> 사랑은 우리가 결이 진 표면을 어루만질 때, 손이나 입으로 뭔가를
> 이야기할 때 생겨난다. 입은 어루만지기 위해 이야기를 이용하고,
> 흩어졌던 결이, 입 밖에 내어 읽을 수 있는 결이 나타나도록 한다.

노인에게 책은 그런 쓸모가 있었습니다. 장승에 글귀를 새기는 것이나 책장을 넘기는 것이나 풀을 뽑는 것이나 채송화를 심는 것이나 모두 다 아이들의 머리를 쓰다듬는 사랑의 마음과 같았습니다. 노인은 아이들의 머리를 어루만지기 위해, 아이들을 사랑하기 위해 글귀들을 이용했습니다.

각박한 세상에서 우리가 소중히 했던 많은 것들이 이미 위협받고 있습니다. 불안은 인간성마저 무감각하고 경쟁적으로 바꿔 놓고 있습니다. 자기 계발서에 나오는 "네 스스로 운명을 개척해라."라는 말을 반복적으로 들으며 우리가 까맣게 잊게 된 것 중 하나는 바로 타인의 중요성입니다.

독일 소설가 제발트는 "자신의 의지만으로 사건에 영향을 미칠 수 있다고 생각하는 것은 근본적으로 제정신이 아니다."라고도 말합니다. 지금 인류의 숫자가 70억이라면 우린 70억 인류의 고뇌를 공유합니다. 우리가 한숨을 쉴 때 70억 인류어치의 한숨을 쉽니다. 그런데 그 70억 인류는 다 외따로 떨어져서 70억 무게의 불안과 고립을 맛봅니다. 만약 누군가 지금 외딴 방에서 홀로 "나는 망했어. 끝났어. 바닥에 떨어졌어. 사는 건 끔찍해!"라고

다섯 번째 질문

절망하고 있다면 그 생각은 바로 지금 이 시대 공통의 고뇌인 것입니다.

　　모두의 이야기를 한군데 끌어모아 본다면, 70억인분의 슬픔을 끌어모아 본다면, 자주 슬펐던, 자주 왜소해졌던, 자주 삶의 무의미를 말했던, 자주 환멸감을 말했던, 자주 경쟁을 말하면서도 배려와 관용을 그리워했던 우리 모두의 이야기를 지금 여기에 모아 본다면, 우리에게 무엇이 쓸모 있는지가 나옵니다. 우리가 사랑했던 것들, 그러나 잃어버린 것들, 우리를 울고 웃게 했던 것들을 다시 찾는 것에 대해 이야기해 본다면, 위협받으면서도 우리가 꼭 지켜야 할 것들에 대해 이야기해 본다면 무엇이 쓸모가 있는지 나옵니다.

　　니코스 카잔차키스는 "모두가 괴로움에 다 같이 시달린다는 사실을 깨닫게만 된다면" 구원은 오리라고 생각했습니다. 책은 우리 영혼을 통해 꿈을 꾸는 존재입니다. 책은 누군가 미래를 위해, 다가올 세대를 위해, 한마디 남겨 놓은 흔적들입니다. 책은 원시인이 동굴에 남겨 놓은 벽화와 같은 정신을 나눠 갖습니다. 꼭 하고 싶은 한마디를 동굴 벽에 새겨 놓은 것과 같습니다. 장밋빛 환상을 유포시키는 책이 아니라, 뻔한 상식이나 원한 감정이나 음모론으로 가득한 책이 아니라 고통과 불안을 직시한 책들만이 우리를 구해 줄 수 있습니다.

◆

자기 계발에 대해서 한마디만 더 해 보고 싶습니다.

어떤 자유주의자들은 뭘 하든 자기가 했다는 점만 중요하게 생각합니다. 하지만 아무리 대단한 자기애에 사로잡힌 사람도 어려움에 처하면 무심코 어디선가, 누군가에게 도움을 받으려고 합니다. 자유주의자를 시련에 빠트리는 건 결국 외로움입니다.

필립 로스의 『휴먼 스테인』에는 몇 년 전 전립선암 수술을 받은 60대 중반의 남자가 나옵니다. 그는 이혼을 했고 은둔 생활을 5년쯤 했습니다. 그는 고독하긴 하지만 별로 부족할 게 없는 생활을 합니다. 그런데 갑자기 그는 외로워하기 시작합니다. 그는 묻습니다. 이 외로움은 뭘까? 무엇으로부터 느끼는 외로움일까? 그는 결론을 내립니다. "내가 등을 돌렸던 것에 대한 외로움이다. 삶에 대한 외로움이다. 삶의 번잡함에 대한 외로움인 것이다." 삶도 얼마 남지 않은 이 남자는 외로움 때문에 남의 이야기 속으로 휩쓸려 들어갑니다. "그저 친구 하나를 사귀었을 뿐인데 이 세상 모든 악의가 내 인생 속으로 함께 밀려 들어"왔다고 말하는 것으로 『휴먼 스테인』의 장엄하고 위대한 고발(미국 사회와 역사에 대한 고발)은 시작됩니다.

우리는 때로 남들의 이야기, 관심도 없고 심지어 경멸했던 타인의 삶 속으로 끌려 들어갑니다. 바로 그런 일이 책을 읽을 때도 일어납니다. 그래서 파스칼 키냐르는 『떠도는 그림자들』에서 독서에 대해서 이렇게 말합니다.

> 독서는 참으로 이상한 경험입니다. 사람들이 독서를 싫어하는 것도 이해가 되지요. 독서는, 자신의 정체성을 잃고 책 속의 다른 정체성과 결합한다는 점에서 충분히 무모한 경험이니까요. 우리는 자신이 읽고 있는 책 속에서 무슨 일이 벌어질지 알지 못하는 채로 그 세계에 뛰어듭니다. (중략) 전적으로 자신을 내맡기고, 어떠한 말도 하지 않게 됩니다. 독서란 한 사람이 다른 정체성 속으로 들어가 태아처럼 그 안에 자리를 잡는 행위라고 정리해 둘까요. 고대인들이 다시 태어나기 위해 태아의 자세로 주검을 매장했던 것과 마찬가지지요.

저는 책이 '마치 남의 일처럼 보는 내 이야기'라고 생각합니다. 책은 마치 타인의 모습인 양 나타나서는 어느 순간 자신의 모습을 대면하게 합니다. 책은 무엇보다도 "너 자신을 알라."라고 말해 줍니다. 소크라테스의 "너 자신을 알라."는 무슨 뜻일까요? 그건 그가 그랬듯 너와의 대화를 통해 나를 알고 싶다는 말일 겁니다. 너를 통해 나를 알고 싶다는 마음일 겁니다. 그건 가볍지 않은 사랑과 같습니다. 사랑 역시 너를 통해 나를 알고 싶다는 마음입니다. 너를 통해 나의 이상향을 꿈꿔 본다, 더 나은 나를 꿈꿔 본다, 입니다. 그 이상향은 이런 겁니다. 내가 알고자 하는 것들,

발견한 것들, 새로 알게 된 것들 속에서 새롭게, 다시 태어난 것처럼 살아가고 싶다. 저는 바로 이런 의미의 자기 계발에야말로 책이 쓸모가 있다고 생각합니다.

그럼 내친 김에 책의 진짜 쓸모에 대해서 좀 더 이야기해도 될까요?

여섯 번째 질문

책의 진짜 쓸모는 뭐죠?

공통성의 경험,
능력자 되기,
앎의 시작

책은 우리 사이를 가깝게 합니다.

어느 비 오는 날 명동의 티벳 식당에서 저녁 약속이 있었습니다. 가게 주인에게 위치를 물어봤더니 택시 타고 가서 명동성당 앞이나 옛날 중앙극장 앞에서 내리라고 하더군요. 저는 택시를 탔습니다. 그리고 기사에게 "아저씨, 명동성당이나 옛날 중앙극장 앞에 내려주세요."라고 말했죠. 아저씨는 "어디라고?" 하고 되묻습니다. 대답하고 보니 아저씨가 너무 나이가 많아 보였습니다. 어쩨 귀도 잘 들리시지 않고 말씀도 잘 못하시는 것 같습니다. 저는 "약속 시간에 늦어서 그래요. 빨리 좀 부탁해요."라고 했죠. 그랬더니 아저씨, 아니 할아버지는 "뭐라고?"라고 합니다. 저는 좀 초조해졌습니다. 십중팔구 약속에 늦겠구나. 비까지 내리니 할아버지는 세계에서 가장 안전하고 느리게 운전을 합니다. 저는 택시가 아니라 유모차에 탄 것 같았습니다. 그런데 잠시 후에 할아버지가 말을 합니다. 이상한 발음으로요.

"나, 중앙극장 잘 알아."

"네. 정말 잘되었네요." (택시 기사가 지리를 잘 아는 것을 자랑하는 것은 슈퍼맨이 날아다니는 것을 자랑하는 거랑 같지요, 란 속마음을 숨기고.)

"그런데 내가 말을 잘 못해. 이가 하나도 없어. 원래는 다 있었어. 내 나이 70살에는 30대처럼 보였어. 그런데 이가 다 없어져 버렸어."

아니, 그럼 이분은 일흔 살이 넘었단 말인가? 그런데 여기서부터 제가 상상도 못 한 신기한 이야기가 펼쳐집니다.

"내가 몇 년 전에 이상한 병이 걸렸어……. 잇몸이 다 녹는 병이야. 그래서 그 좋던 이빨이 다 사라져 버렸어. 병원에 갔더니 희귀병이래. 전 세계에 그 병 걸린 사람은 넷뿐이래. 내가 다섯 번째 환자래. 세브란스 병원도 가고 큰 병원 다 다녔는데 연구가 되어 있지 않아서 치료를 못 한대. 아침에 일어나면 잇몸이 조금씩 파여. 조금씩, 조금씩. 그런데 하나도 아프질 않아. 아프지도 않은데 없어지니까 그게 아주 이상해. 잇몸이 없어지니까 이도 다 빠져 버려. 지금은 틀니 같은 걸 걸쳐 놓았어. 말을 하려면 입을 아주 조금만 열어야 해. 그럼 말할 수 있어. 내가 이 병에 걸린 건 뱀 때문일 거래. 뱀에 있는 어떤 독이 몸에 들어와서 생긴다고 알려져 있대.

그런데 그 말이 맞는 것 같아. 내가 어렸을 때 외갓집에 가면 큰 절이 있었어. 우리 외삼촌은 조카 왔다고 절에 가서 뱀을 잡아와서 구워 줬지. 그런데 그게 그렇게 맛있었어. 그 뒤로 내가 지금까지 먹은 뱀이 천 마리는 될 거야. 우리 외삼촌도 이리 될 줄 모르고 조카 맛있는 것 먹고 튼튼해지라고 구워 줬겠지. 나도 이리 될 줄 모르고 열심히 먹었지. 내 꿈이 택시 기사 70년 하는 건데 그건 힘들 거 같아."

"아니, 그럼 지금 몇 살이세요? 80살도 넘으신 거예요?"

"80살? 그때는 한창때였지. 난 1943년에도 택시 기사였어. 우리나라 최초의 택시 기사야. 우리나라에 택시 회사가 처음 생길 때 여섯 명으로 출발했어. 그중 하나가 나야. 일본 사람들이 버리고 간 차로 시작했지. 그때는 아무나 택시를 못 타고 경찰 서장이나 탔지."

"아. 영. 광. 이네요. 그런데 그 시절에 어떻게 택시 기사가 되셨어요?"

"응. 일제 때 정비하는 곳에 있었거든. 일본 사장이 술 마시는 걸 아주 싫어하는 사람이었어. 술 마시면 다 잘렸어. 난 술을 마시지 않으니까 좋게 보였어. 난 자동차 정비 자격증도 있어. 택시 다 나 혼자 고칠 수 있어.

그런데 좀 더 크게 말해 줘. 잘 안 들려. 뱀독이 잇몸을 다

없애고 이번에 어디 갈 데 없나 내 몸을 찾아다녔나 봐. 그래서 여기 턱에 혹이 생겼어. 어느 날 아침에 일어났는데 혹이 생기더니 점점 커져. 턱에 생긴 혹이 귓구멍을 막았어. 그래서 한쪽 귀가 안 들려. 지금도 한쪽 귀로만 듣는 거야. 병원 가서 이 혹 좀 잘라 달라고 했더니 나이 들어서 안 된다는 거야. 의사들이 자신 없어서 못하겠대. 그래도 다른 데는 다 건강해. 혈압도 좋고 당뇨도 없고 눈도 좋아. 혹도 더 안 커져. 뱀독이랑 나랑 지금은 사이가 좋아.

우리나라 사람들 다 좋아. 내 귀 안 들린다고 짜증 내는 사람 아직 못 봤어. 서로서로 말을 안 들으려고 할 때만 안 좋아. 들으려고 하면 사람들은 다 좋아. 그런데 난 슬퍼. 사람들이 나한테 큰 소리로 말해야 겨우 알아듣고, 알아들었어도 나는 아주 작은 소리로만 대답하는 게 슬퍼. 그래서 난 슬픈 사람이 되었어."

"……."

남들은 큰 소리로 말해야 겨우 알아듣고 알아들었어도 자기는 작은 목소리로 대답하는 게 슬프다는 그 말은 순식간에 저를 로댕의 '생각하는 인간'으로 만들어 버렸습니다. 제가 애써 묵살했던 여러 사람 얼굴이 떠올랐습니다. 누가 우리에게 목이 터져라 외치는데 알아듣지 못하거나 알아들었어도 조금밖에 반응을 하지 않으면 우린 누군가를 슬픈 사람으로 만들어 버리게 되겠죠.

그런데 할아버지가 작은 목소리로 말을 계속 이어갑니다.

"나 원래 되게 유명한 택시 기사야. 다들 알아주는 기사였어. 텔레비전에도 나왔어. 두 번이나 나왔어. 그런데 나 중앙극장 되게 잘 알아……. 왜냐하면 그때 내가 서울 시내 기생들은 다 태우고 다녔거든. 일류 기생들. 그 기생들이 아이, 동생 귀여워, 하면서 내가 운전하는 택시 타는 걸 좋아했지. 그땐 난 여자를 몰랐어. 잘생겼지. 그래서 인기가 좋았어……. 그때 기생들은 대단했지. 돈 있다고 아무나 안을 수 있는 것도 아니었어. 돈을 억만금을 갖다 줘도 지 싫으면 그만이었어. 논개 알지? 적장을 끌어안고 죽은 여자. 다들 논개에 대해 알고 있었어. 기생들이 천하다고 생각할지 모르지만 전혀 그렇지 않아. 기생들이 택시 타면 그렇게 책을 많이 봤어. 일본어 책이었어. 아마 손님이 다 일본 사람들이니까 일본어 공부를 하느라고 봤을 거야."

"……."

"그런데 몇 년 뒤에 말이야. 그 기생 중 한 명을 사랑하게 되었어. 잘생긴 여자였어. 노래를 얼마나 잘하고 가야금을 얼마나 잘 타는지 앉아서 그걸 보고 있으면 홀딱 반해. 그래서 결혼해서 살려고 그랬어. 그런데 집에서 반대해서 못 했어. 그 여자는 죽었어. 몇 년 뒤에 병 걸려서 죽었어. 나 그때 많이 울었어. 잘생긴 여자였어. 삼청동에 큰 집이 있었어. 그 여자 죽고 조카들이 그 집에서 살았어."

"그때 그 기생들을 택시 운전하면서 만난 적도 있어요?"

"있지. 그런데 다들 죽었어. 난 그걸 그냥 알아. 다들 나보다 나이가 많았고 살았어도 모두 90살이 넘어. 10년 전쯤 한 명이

탔어. 나이 먹었어도 서로 알아보았어. …… 중앙극장 다 와 가. 여기서 우회전하면 돼. 옛날에 여기 참 많이 왔었지…….”

"…….”

"아, 다시 돌아가고 싶다.”

"…….”

"이쁜 마누라랑 한번 살아 보고 싶다. …… 정말 멋지게 살 텐데…….”

할아버지가 조금 울먹입니다. 저는 택시에서 내리려다가 급하게 물었습니다.

"할, 아, 버, 지. 그분 이름이 뭐예요? 잘, 생, 긴, 여, 자.”

"…… 이름이 두 개였어. 집에서 부르는 이름이랑 예명. 난 두 개 다 알고 있지. 그런데 말 안 할래. 왜냐하면 고인이니까.”

"…….”

"왜냐하면 작게 부를 수 없는 이름이니까. 크게 불러야 하는 이름이니까. 맘속에 담고 있다가 죽을 때 부를래. 아주 큰 소리로.”

"…….”

"이야기하면서 오니까 금방 왔다. 다 왔다. 술 마시지 말어. 자 조심해서 내려.”

물론 금방 온 건 아니죠. 내리면서 시간을 보니까 한 시간이나 택시 안에 있었더군요. 하지만 한 시간은 순간처럼 느껴졌습니다. 전 내릴 때 술 마시지 말란 말에 "알, 았, 어, 요."라고 힘주어 대답했죠. 할아버지의 목소리는 시간의 목소리였습니다. 작고 느리지만 생생했습니다. 할아버지는 사랑하는 사람을 태우고 다녔던 그 옛날의 중앙극장 앞 거리를 다 기억하고 있었습니다. "저기서 내려주곤 했어."라는 그 말 한마디에는 얼마나 많은 것이 담겨 있는지 짐작할 수도 없습니다.

그런데 제가 내릴 때 할아버지가 한 말 말인데요. 술 마시지 말라는 말요. 왜 난데없이 술 마시지 말라고 했을까요? 정말 저에게 한 말이었을까요? 저는 의심이 듭니다. 왜냐하면 내릴 때 처음으로 할아버지랑 눈이 딱 마주쳤거든요. 슬픈 눈이었습니다. 우수에 젖은 눈이라는 말을 할아버지들에게도 쓸 수 있는지 모르겠습니다. 우수는 청년의 감수성같이 느껴지니까요. 그래도 제게는 그렇게 보였습니다. 우수에 젖은 눈이 저를 아주 염려스럽게 바라보았습니다. 제가 내릴 때 할아버지는 고개를 아주 살짝 끄덕였습니다. 이제 그만 가란 듯이요. 아마 할아버지는 저를 보고 있지 않았을 겁니다.

문득 제가 읽었던 이야기 하나가 떠올랐습니다.

"그는 세월을 먹는 사람이에요." 이웃 여자가 말했다. "거북들보다도 나이가 더 많아요."
(중략) 먼 곳에서 온 구스타보 타티스가 그의 귀에 대고 물었다.
평온한 세계, 평온한 대기. 늪지에 묻힌 마하구알 마을의 다른 사람들은 모두 낮잠을 자고 있었다.

구스타보는 그의 첫사랑에 대해 물었다. 똑같은 질문을 여러 번 반복해야 했다. 첫사랑, 첫사랑요, 첫사랑 말이에요. 노인은 손으로 귀를 동그랗게 감쌌다.

"뭐라고? 뭐라는 거여?"

그러고는 마침내 말한다.

"아, 그려."

노인은 흔들의자에 몸을 맡긴 채 얼굴을 찡그리고 눈을 감았다.

"내 첫사랑은……."

구스타보는 기다렸다. 기억이 낡은 돛단배처럼 여행하는 동안, 그리고 기억이 충돌하고 침몰하고 사라지는 동안 그는 기다렸다. 1세기가 훨씬 넘는 항해였다. 기억의 바다에는 안개가 짙게 끼어 있었다. (중략)

마침내 돈 프란시스코가 비밀스럽게 속삭이듯 말했다. "이사벨." 그는 지팡이를 짚고 자리에서 일어나더니 수탉처럼 솟아올라 울부짖었다.

"이사베에에에에에에엘!"

우연히도, 이 글이 실려 있는 갈레아노의 책 제목은 『시간의 목소리』였습니다. 글 제목은 「세상에서 가장 나이 많은 남자」고요.

저는 택시 기사 노인의 이야길 듣는 동안 제가 모르는 서울의 모습을 상상했고 동시에 갈레아노의 『시간의 목소리』를 (사실은 택시요금도) 떠올렸습니다. 하지만 반대로 책을 읽으면서 제가 겪은 일을 떠올리는 경우도 많습니다. 책은 읽는 동안 뭔가 덧붙이게 합니다. 우리가 보고 듣고 겪은 일과 새로 읽은 것을 연결하게 합니다. 책은 책과 아직 책으로 쓰인 적 없는 것들(우리 자신의 이야기를 포함해서)을 연결하게 합니다.

우리가 이렇게 덧붙일 수 있는 이유는 뭘까요? 이 할아버지 이야기는 특별하지만, 정말 특별한 걸까요? 특별한 것 같지만 정말은 특별하지 않은 것 아닐까요? 정말은 특별하지 않아서 우리가 그 이야기에 뭔가를 덧붙일 수 있는 것 아닐까요? 할아버지의 사연은 특별할지 모르지만 할아버지 사연 속 사랑의 감정은 우리의 것과 다르지 않습니다.

토머스 하디의 소설 『이름 없는 주드』에 나오는 주드는 무척 배우고 싶어 하는 선량한 석공입니다. 그는 오랫동안 독학으로 공부를 하다가 그토록 꿈꾸던 옥스퍼드 대학에 입학 원서를 냅니다. 그는 매일 답장을 기다립니다. 드디어 총장에게 편지가 옵니다. 총장은 그가 현재의 직업에 그대로 남아 매진하는 것이 사회에서 성공하는 보다 나은 기회라고 생각한다는 답장을 보냅니다. 그때 주드는 욥기 12장 3절의 말을 들어서 "나도 너희같이 총명이 있어 너희만 못하지 아니하니 그 같은 일을 누가 알지 못하겠느냐?"라고 벽에 써 놓습니다. 우리는 주드의 좌절과 슬픔을 이해합니다. 우리가 이걸 이해할 수 있는 것은 어떤 이유에서일까요? 옥스퍼드에 원서를 낸 적도 없는데요.

    에릭 클랩턴이 "나는 명예를 얻고 사람들의 인정을 받으려는 욕망이 없었다. 그저 내가 가진 것들로 내가 할 수 있는 최고의 음악을 만들어 보고 싶었을 뿐이다."라고 말할 때 우리는 감동합니다. 이 이야기의 어느 부분이 특별할까요? 우리가 하고 싶었던 말이 바로 그 말이라서 특별히 감동적인 건 아닐까요? 히딩크가 나는 아직도 배고프다고 할 때 그 말이 왜 우리 마음을 움직일까요? 그건 우리에게 공통점이 있어서입니다. 마르그리트 뒤라스는 아예 "나는 모든 사람들을 닮는다. 내 생각은 평범하다. 평범함의 승리다."라고 말합니다.

    앞에서 말한 프리모 레비의 『이것이 인간인가』란 책에는 독일군이 퇴각한 후 아우슈비츠에 남겨진 사람들끼리 나누는 대화가 나옵니다.

> 밤이 되어 샤를과 아르튀르, 나, 이렇게 세 사람이 난롯가에 모이면 다시 인간이 된 것 같은 기분이 들었다. 우리는 온갖 이야기를 다 할 수 있었다. 아르튀르가 보주의 프로방셰르 사람들이 일요일을 어떻게 보내는지 이야기해 줄 때면 너무나 좋았다. (중략) 어둠 속에서, 우리 뒤와 우리 위에서 여덟 명의 환자들 역시 한마디도 놓치지 않았다. 프랑스어를 알아듣지 못하는 사람들까지도.

여섯 번째 질문

우린 아우슈비츠 그 자리에 없었지만 이 감정을 이해합니다. 아, 얼마나 좋았을까 싶습니다. 인간이 살아 있음을 다른 인간과 함께 기뻐하는 이 장면은 너무나 자연스럽게 우리에게 와 닿습니다. 인간들은 다른 인간들과 잠시라도 함께 기쁨을 누리려 합니다. 그건 다른 말로 뭐라고 설명을 잘 못하겠습니다. 그저 자연스러운 겁니다. 우리가 뭔가를 특별하다고 느낄 때는 사실 그 안에서 우리도 가지고 있는 그 무엇, 공통점을 봐서입니다.

남들의 이야기를 잘 듣다 보면 그 이야기 사이사이에 그와 비슷한 내 경험의 기억들이 끼어듭니다. 책 또한 내 이야기를 덧붙이게 합니다. 나를 다시 보게 합니다. 뭔가를 다시 기억나게 합니다. 책 읽기를 잠시 중단시킵니다. 이 짧은 중단이 중요합니다. 롤랑 바르트는 『텍스트의 즐거움』에서 이런 말을 합니다.

사랑하는 사람과 함께 있으면서 다른 생각을 하는 것. 그렇게 함으로써 나는 최선의 생각을 할 수 있으며, 내 작업에 필요한 최선의 것을 고안해 낼 수 있다. 텍스트도 마찬가지다. 텍스트가 간접적으로 들리게 할 수만 있다면, 그것은 내게서 최상의 즐거움을 생산해 낼 것이다. 내가 텍스트를 읽으면서 머리를 자주 들고 다른 것을 들을 수만 있다면.

롤랑 바르트의 이 말은 과장이 아닙니다. 책을 읽는 동안 멈

책의 진짜 쓸모는 뭐죠?

추면서 자꾸자꾸 덧붙이면서 우리는 최선의 생각을 하고 책을 읽는 최상의 즐거움을 누릴 수 있습니다. 삶은 계란이나 짜장면 한 그릇이란 말만 나와도 우리가 덧붙일 수 있는 수많은 이야기가 있습니다. 남의 이야기를 열심히 듣는 것이나 한 권의 책을 읽는 것이나 모두 당장 나와 아무 상관없는 것에 마음을 열어 보다가 자기를 만나는 경험입니다.

카뮈는 사회가 갈라놓은 사람들을 고독이 다시 결합시키는 순간이 있다고 말합니다. 극장에 가면 다른 관객들도 제각기 자신과의 대면을 기다리고 있다는 사실이 눈에 들어오고 그런 생각을 하면 마치 관객 개개인이 다시금 형제처럼 친근하게 느껴진다고 말합니다. 도서관에서, 서점에서 저도 비슷한 느낌을 받습니다. 강연을 하러 가서도 비슷한 느낌을 받습니다. 다들 비슷한 열정에 휩싸입니다. 같은 책을 읽고 있다는 것만으로도 반가울 때가 있습니다. 파스칼 키냐르는 『은밀한 생』에서 이런 말을 합니다.

> 책을 열렬히 사랑하는 사람들은 자신들도 모르는 사이에 놀라울 정도로 특이한 비밀 결사를 구성한다. 모든 것에 대한 호기심과 연령의 구분 없이 섞이지 않음이, 결코 서로 만나는 일 없이도 그들을 한데 모아 놓는다.
> 그들의 선택은 출판업자의, 즉 시장의 선택에 부합하지 않는다. 교수들의, 즉 코드의 선택에도 부합하지 않는다. 역사학자들의, 즉

권력의 선택에도 부합하지 않는다.

(중략) 그 선택은 오히려 틈새와 주름들 안에, 즉 고독, 망각들, 시간의 경계, 열정적인 생활 태도, 응달 지역, 사슴의 뿔, 상아 페이퍼 나이프들 안에 칩거하고자 한다.

그 선택은 오로지 자신들에게만 속하는, 짧지만 수많은 삶들로 이루어진, 하나의 도서관을 설립한다. 그 선택이 도서관 구석에서 촛불을 밝혀 놓고 말없이 서로를 읽어 가는 반면, (중략)

이것이 바로 제가 말한 공통성의 경험입니다. 카뮈가 말한, 사회가 갈라놓은 사람들을 다시 만나게 하는 그 고독의 경험과 비슷할 겁니다.

우리는 남과 달라질 것을 강조하는 시대, 너만의 것을 보여라라고 말하는 시대에 살고 있기 때문에 이 공통성을 좀 우습게 압니다. 공통성은 텔레비전 스타들이 사생활을 털어놓을 때나 살짝 중요하게 여겨집니다. "스타들도 떡볶이를 먹는대. 수수하기도 하지." "이자벨 아자니도 남편 때문에 속을 썩는다는군." "데미 무어도 연하 남편 때문에 망가졌어." 이런 식으로요. 그러나 공통성은 가십 거리가 아닙니다. 진정으로 필요한 공통성은 같은 루이 비통 가방을 들고 다니는 데서, 같은 자동차를 몰고 다니는 데서 발견되는 것도 아닙니다. 이런 공통성은 서로를 더 깊이 더 잘 알게 만들지 않습니다. 단지 그것을 소유한 사람과 소유하지 않은 사람을 갈라놓습니다. 남과 나를 갈라놓고 구별 짓기 위해 애써 마련한 자기들만의 공통성은 제가 말하는 공통성이 아닙니다.

모든 것을 공유할 수 있는 디지털 세계에 살면서도 우리에겐 뭔가를 남과 진정으로 공유하지 못하는 것에 대한 괴로움이 있습니다. 우린 공감이 중요하다는 말을 합니다. 그건 상대방이 달라도 그냥 너그럽게 받아들여야 한다는 뜻이 아니라 상대방이 달라 보여도 나와 같은 인간이라는 것을 인정해야 한다는 뜻입니다.

공감과 관련해서 제가 제일 즐겨 인용하는 것은 남아공의 '우분투'란 말입니다. 우분투란 말은 다른 언어로는 옮기기 어려운 다양한 뜻을 가지고 있다고 합니다. 간단히 풀어 보자면, 인간은 혼자서 살아갈 수 없다는 정신을 말합니다. 우분투를 가진 사람은 자신의 인간성이 다른 사람에 의해 담보되고 그 관계가 불가해하게 얽혀 있다는 것을 아는 사람입니다. 여기에는 "나는 사유한다. 고로 존재한다."가 아니라 "나는 어딘가에 속하고 나누기 때문에 인간이다."라는 생각이 깔려 있습니다.

우분투를 가진 사람은 다른 사람을 지지하며, 다른 사람들이 능력 있고 훌륭하다는 사실에 위협감을 느끼지 않습니다. 왜냐하면 우분투를 가진 사람은 다른 사람이 굴욕이나 억압을 당할 때 자신 또한 같은 일을 당할 것을 알기 때문이죠. 다른 이를 비인간적으로 대하는 것이 있다면 그것은 나에게도 가차없이 그럴 것임을 알기 때문입니다. 이것은 관계와 자비, 우정과 존중에 대한 이야기지만 공감도 이와 다르지 않습니다. 제가 말하는 공통성은 바로 이런 것입니다.

◆

책은 우리를 능력자로 만들어 줍니다.

책은 우리를 어떻게 능력자로 만들어 줄까요? 책이 어떤 능력을 줄지 궁금하시죠? 책은 우리에게 뭔가 한 가지를 잘하는 능력을 주는 게 아니라 모든 것을 새롭게 볼 능력을 줍니다.

우린 자신이 좋아하는 것들이 자신의 능력이 되길 바랍니다. 그림이면 그림, 책이면 책, 사진이면 사진, 음악이면 음악요. 좋아하는 것을 자기 능력이 되게 하는 방법으로 저는 괴테의 방법이 좋다고 생각합니다. 세계적인 대문호 괴테의 방법은 대체 뭐였을까요? 두근두근 궁금합니다. 그 방법은 죽자 살자 매달리는 겁니다. 너무 단순한 방법이라 좀 실망하셨어요? 그렇다면 여기에 한 가지가 더 있습니다. 자기 곁에 있는 세상 만물을 생생하게 받아들이는 겁니다. 모든 것을 특정 목적을 위한 수단으로 생각하는 사람, 무엇에도 무관심한 사람이 결코 느끼지 못하는 감정이 있다면 바로 '생생함'일 겁니다. 생생하게 본다는 것은 괴테식으로 말하자면 자신이 본 것들을 옛날의 상념들과 밀접하게 연결시킨다는 것을 의미합니다. 생생하게 본다는 것은 자신이 좋아하는 것과 자신의 기억, 경험, 세상을 연결시켜 본단 뜻입니다. 연결이야말로 진정한 사고다, 라는 말도 있습니다.

　　인간은 누구도 모든 능력을 가질 수는 없습니다. 자신의 본성에 맞는 능력을 가질 수 있을 뿐입니다. 또 인간은 누구도 자기 혼자서는 능력을 키울 수 없습니다. 외부의 도움을 받아야 합니다. 이것은 스피노자의 생각과 같습니다. 스피노자는 능력에 대해 이런 이야기를 합니다. 인간은 외부의 도움을 빌려 서로 떨어져 있던 것들을 연결시키는 능력을 갖게 된다고요. 이때 외부의 도움 중 책이 줄 수 있는 도움이란 멘토링이나 컨설팅 같은 도움이 아닙니다. 연결을 위해선 모든 것을 새롭게 볼 수 있어야 할 텐데, 바로 이것이야말로 책이 가장 잘 도와줄 수 있는 부분입니다. 책은 진부한 것들을 담고 있어도 그것들을 새로운 디테일과 새로운 태도로 보여 주니까요.

　　능력에 대해서 다시 말해 본다면, 자신이 시작한 일을 끝까지 해 보는 경험은 (그것이 한 권의 책 읽기에 불과하더라도) 무능력한 사람에서 능력이 있는 사람 쪽으로 우릴 옮겨 놓습니다. 무능력은 재능이 없다는 말이 아니라 어떤 일을 지속할 힘을 가지고 있지 않다는 뜻입니다. 그런 면에서 다행스럽게도 우린 이미 어느 정도는 능력자입니다. 우연히 태어난 이 삶을 어떻게든 포기하지 않고 계속하려고 하니까요.

사랑에 대해 말한다면, 사랑조차도 우연히 시작된 사건을 어떻게든 계속 지속해 나가려는 노력의 과정이나 다름이 없습니다. 사랑처럼 좋은 우연을 우연으로 끝내지 않으려 할 때 우리에게는 놀라운 의지와 힘, 노력이 필요합니다. 우리 삶에서 우연도 계속 진행되게 하기 위해서는 놀라운 의지와 힘, 노력이 필요합니다. 그런 면에서 인간은 이미 능력자입니다. 여기서 좀 더 나가면 됩니다. 내친 김에 좀 더 나가면 됩니다. 『리타 헤이워드와 쇼생크 탈출』에서 탈옥한 앤디가 가석방으로 나온 레드에게 남겨 놓은 쪽지에 있던 표현이 딱 맞습니다. "만일 여기까지 쫓아왔다면 조금만 더 나를 따라올 생각이 있겠지?"

이렇게 책을 읽고 분리된 것들을 연결시키고 이를 통해 모든 것을 새롭게 보게 된다면 우린 심지어 다시 태어날 수도 있습니다. 책의 접어 놓은 페이지마다 새로운 탄생이 있습니다. 마르케스는 "인간은 어머니가 그들을 세상에 내놓은 그날에 태어나는 것이 아니다. 인간에게 태어남을 강요하는 것은 삶이다."라고 말했는데요. 우린 사는 와중에도 몇 번이고 다시 태어날 수 있습니다. 우리에겐 인격의 탄생일이란 게 있기 때문입니다. 『이웃』이란 책에는 이런 인용이 나옵니다.

자연적인 출생일은 개별성의 운명에 커다란 의미를 갖는 날이다. 왜냐하면 보편성 안에서 공유하는 것이 그것을 바탕으로 특수한 것의 운명을 결정하기 때문이다. 자기에게 이날은 어둠 속에 감춰져 있다. 자기의 출생일은 인격의 출생일과 동일하지 않다. 자기뿐 아니라 성격 또한 그 자신의 출생일이 있다. (중략) 어느 날 그것이 무장한 인간처럼 인간을 급습하여, 그가 소유한 모든 것을 취한다……. 그날이 오기 전까지 인간은 세계의 한 파편, 심지어 그의 고유한 의식 이전의 존재이다…….

— 로젠츠바이크, 『구원의 별』

할리우드 영화에서처럼 안경을 벗고 콘택트렌즈를 낀다고 새로운 인간이 되는 것은 아닙니다. 새로운 인간이 되기 위해선 자신이 사는 세상과 이웃에 대한, 새로운 관점과 지혜의 힘이 필요합니다. 그 힘으로 세상을 새롭게 볼 때만이 사람은 다시 태어날 수 있습니다.

파스칼 키냐르의 『옛날에 대하여』란 책에는 이런 이야기가 나옵니다. 1640년 일본 나고야. 당시엔 부모가 나이 들면 산에 버리는 관습이 있었습니다. 그렇지만 한 효자 아들은 차마 아버지를 버리지 못해 구덩이에 숨겨 둡니다.

포악한 원님이 아들에게 말합니다. "나는 누가 손을 대지 않아도 혼자서 울리는 북을 가지고 싶도다. 두드리지 않아도 저절로 울리는 북을 가져오너라. 그렇지 않으면 죽음을 면치 못하리라." 새파랗게 질린 아들은 아버지에게 달려가 묻습니다. 아버지는 큰 소리로 웃습니다. "아버지 왜 웃으세요?" 아들이 묻자 아버지는 답합니다. "이것이 우리들 인간 모두의 기원의 관한 비밀이기 때문이란다. 서로 포옹할 때 우리는 보이지 않으면서 소리를 내는 존재가 되는 거야. 서로 껴안음으로써 서로 두드리지 않아도 우리는 울리는 거란다. 포옹으로 옛날 얼굴들과 옛날 몸들이 뒤섞이고, 그렇게 해서 그것들이 재생되고, 그렇게 해서 다시 젊어지는 거야." 원님은 아버지가 수수께끼를 풀었다는 것을 알게 되자 노인을 구덩이에서 나오게 하고 고사리 풀밭에 앉힌 다음 선포합니다. "오늘부터는 노인들이 천수를 누리게 하라."

포옹으로 다시 몇 번이고 젊어진다는 것은 사실인 것 같습니다. 필립 로스나 오에 겐자부로, 코맥 매카시, 귄터 그라스 같은 작가들은 팔순이 넘었거나 팔순 가까이 되었을 텐데 몇 번이고 다시 태어난 사람들처럼 그 정신이 젊고 예리하고 용감합니다. 피를 빨아 먹은 게 아니라 세상의 지혜를 빨아 먹으면서, 지혜와 포옹하면서 그렇게 되었겠지요. 책은 죽지 않는 능력을 주진 못하지만 몇 번이고 다시 태어나는 능력을 줍니다. 움베르토 에코는 이렇게 장난스럽게 말하기도 했습니다. "책은 죽지 않는 능력을 준다. 단 앞으로가 아니라 뒤로."

릴케가 쓴 로댕에 대한 책 『릴케의 로댕』에서 로댕은 이런 말을 합니다.

책의 진짜 쓸모는 뭐죠?

한 가지를 이해하는 사람은 어떤 것이라도 이해한다. 만물에는 똑같은 법칙들이 있기 때문이다. 나는 조각을 공부했으며, 그것이 위대한 일이라는 것을 잘 알고 있었다. 언젠가 나는 『그리스도의 제자들』이라는 책을 읽었는데, 특히 그 셋째 권에서 하느님이란 말이 나올 때마다 그 대신에 조각이란 낱말을 놓아 보았던 일을 기억한다. 그것은 정당하고 옳은 일이었다.

로댕은 하느님이란 말 대신에 조각이란 말을 넣었지만 저는 조각이란 말 대신 삶이란 말을 넣어 보며 읽고 있는 셈입니다. 이렇게 읽다 보면 산다는 것과 읽고 쓴다는 것을 구별하고 싶지가 않습니다. 쓴 대로 살고 싶어집니다.

가즈오 이시구로의 『나를 보내지 마』란 책엔 두 여자와 한 남자가 나옵니다. 캐시, 루스, 토미 셋은 어려서부터 친구입니다. 그중 루스와 토미는 커플입니다. 하지만 실은 캐시와 토미가 서로를 더 잘 이해하고 속으로 깊이 연결되어 있습니다. 셋 다 그걸 알고 있습니다. 루스가 죽고 캐시와 토미는 육체 관계를 갖습니다. (그 죽음엔 아주 슬픈 비밀이 들어 있습니다. 셋 모두 같은 이유로 죽을 것입니다.) 그때 토미는 마치 이렇게 말하는 듯합니다. "그래, 이제 우리가 이걸 하고 있군. 이렇게 돼서 기뻐. 하지만 이렇게 늦게야 이런 일이 일어나다니 정말 안타까워." 토미도 죽음을 앞두고 있기 때문입니다.

여섯 번째 질문

저는 이 구절을 "이렇게 좋은 걸 이제야 하다니."로 기억합니다. 이 구절을 읽은 뒤로 좋은 책을 읽고 나면 무심코 "이렇게 좋은 것을 이제야 읽다니."라고 말합니다. 좋은 책은 그런 느낌을 줍니다. 거기엔 슬픔도 있고 기쁨도 있습니다. 모르고 살았던 세월 때문에 슬프고, 늦게라도 알게 되어서 기쁩니다. 삶에 대해선 "이렇게 좋은 것을 이제야 알다니."라고 말합니다. "이제라도 다시 한 번 잘해 보자!"라고 할 수 있기 때문에 슬프면서도 기쁩니다.

레마르크의 『개선문』에는 라비크가 조앙 마두와 술을 마시며 이야기를 나누다가 "사람은 언제나 외톨이지만, 그렇다고 그렇게 고독한 것만도 아니다."라고 생각하며 근처에서 들려오는 바이올린 소리에 귀를 기울이는 장면이 있습니다. 저도 책을 읽을 때 그런 생각을 합니다. "사람은 누구나 고독하다. 그러나 그렇게 고독한 것은 아니다. 너무 늦게 알게 된 것들이 있다. 그러나 그렇게 늦게 알게 된 것은 아니다." 그러면서 바이올린 소리에 귀를 기울이듯 책에 눈길을 돌립니다.

책에는 배움 혹은 읽기 자체의 즐거움이 있습니다.

책 읽기의 즐거움은 읽으라고 억지로 시키는 사람이 없어서 생기는 건지도 모릅니다. 저는 어렸을 때 '좋아하는 팝음악 넘버 3' 같은 것을 만들어 보곤 했어요. 여러분도 해 보셨어요? 저는 오아시스, 라디오헤드, 시규어 로스를 좋아합니다. 여러분은요? 책 읽기도 이와 같을 수 있습니다. 저는 좋아하는 작가들의 이름을, 좋아하는 가수 이름을 말하듯 떠올려 보곤 합니다.

책을 읽는다는 것, 그것은 가장 위대한 작가들과 함께 세상의 온갖 문제에 대해 이야기를 나눠 보는 것이기도 합니다. 저는 그들에게 묻죠. "선생님, 어떻게 생각하세요?" 나와 위대한 작가들의 의견이 같다면 "그렇지, 그렇지. 제 생각이 바로 그거예요." 하고 자신감을 얻고 그들을 앞에 앉혀 놓고 밥이라도 한 끼 같이 먹고 싶어집니다.

얼마 전에 저녁을 먹는데 옆 테이블에서 대학생 둘이 대화를 나눕니다. 둘은 미야자키 하야오의 「붉은 돼지」란 애니메이션 이야기를 하고 있었습니다. 둘은 거의 동시에 "날지 않는 돼지는 그냥 돼지일 뿐이야!"라는 말을 했습니다. 「붉은 돼지」에 나오는 대사죠. 둘은 뜻이 통했습니다. 한 친구가 갑자기 "너 그걸 어떻게 알았어? 자식, 뭐 좀 아는 놈이네. 우리 친구 하자." 그러면서 아주 환하게 활짝 웃습니다. 이를 싹 드러내 놓고요. 어깨부터 가볍게 끌어안으면서요. 책과도 그런 순간들이 있습니다. 우리 친구 하자!

여섯 번째 질문

책을 읽는다는 것, 그것은 가장 위대한 작가들과 함께 위키피디아 같은 백과사전을 만들어 가는 것이라고 생각해도 좋습니다. 이를테면 저는 상상력에 대해선 발터 벤야민에게 배웠습니다. 벤야민은 어떤 이미지든 접어 놓은 부채로 여길 줄 아는 능력이 상상력이라고 말했습니다.

빈센트 반 고흐도 제게 상상력에 대해서 알려 주었습니다. 고흐는 가난하고 지친 사람들의 얼굴을 그릴 때 그 얼굴 위에 별이 총총한 밤하늘을 올려놓고 싶어 했습니다. 인물의 배경색을 칠할 때 어둡고 누추한 벽 색깔 대신에 무한의 느낌을 주는 가장 강렬한 파란색을 칠하고 싶어 하기도 했습니다. 그는 왜 인물화에 별이 총총한 밤하늘을 그려 넣고 싶어 했을까요? 단서는 있습니다. 고흐의 편지를 모아 놓은 『세상에서 가장 아름다운 편지』에서 고흐는 본의 아니게 쓸모없는 인간이 된 사람들에 대해 말합니다.

> 그런 사람은 자신이 무엇을 할 수 있는지 모르지만 본능으로 느끼고 있어. 즉 나도 무엇인가 도움이 되는 인간이라는 것! 나에게도 생존 이유가 있다고 느낀다는 거야. 자신이 정말 다른 인간이 될 수 있음을 알고 있는 것이야! 도대체 어떻게 하면 나는 유용한 인간이 될 수 있을까, 무엇에 도움이 될까? 나의 내면에는 무엇인가 있어.

빈센트 반 고흐가 가난한 사람들 위에 띄워 놓은 별 총총 밤

하늘은 제게 진정한 상상력이 무엇인지 가르쳐 주었습니다. 그는 우리 눈에 보이지 않지만 사람들의 내면에 있는 그 뭔가를 상상했을 것입니다. 그것이 별이었습니다. 우리의 내면은 별 총총 하늘입니다.

또 저는 남자들이 여자 친구랑 헤어진 다음 제일 두려워하는 것이 무엇인지에 대해선 닉 혼비에게 배웠습니다. 뭘 것 같아요?

삶 속에는 앎의 자리가 있습니다. 교육이란 것이 하도 이상하게 변질되어서 앎이란 말은 정말 매력 없게 변했지만요. 우리가 아직 아이였을 때는 책이 주는 '앎'에 대한 믿음이 있었습니다. 우리는 「인어 공주」를 읽으면서 뭔가를 얻기 위해선 대가를 치러야 한다는 것을 알게 되었습니다. 「빨간 망토」를 읽으면서는 세상에 친절한 할머니 목소리를 내는 늑대가 우글거린다는 것을, 「아기 돼지 삼형제」를 읽으면서는 세상에 내 집을 부서뜨리거나 나를 잡아먹으려고 호시탐탐 기회를 엿보는 늑대가 우글거린다는 것을 알게 되었습니다. 『드라큘라』를 읽으면서는 아무리 오래 살아도 영혼이 없으면 남들의 피나 빨아 먹고 살 수밖에 없단 걸 알게 되었고, 신 포도니 따 먹지 말라는 「이솝우화」의 여우 같은 짓은 하지 말자고 다짐하기도 했습니다.

발자크의 『나귀 가죽』이란 소설이 있습니다. 라파엘이라는 가난한 청년이 골동품 가게에 들어가서 이런 허무맹랑한 글귀가 있는 나귀 가죽을 발견합니다.

> 만일 그대가 나를 소유하면 그대는 모든 것을 소유하게 될 것이다.
> 하지만 그 대신 그대의 목숨은 나에게 달려 있게 될 것이다.
> 신이 그렇게 원하셨느니라. 원하라. 그러나 그대의
> 소원은 이루어질 것이다. 하지만 그대의 소망은
> 그대의 목숨으로 대가를 치러야 한다.
> 그대의 목숨이 여기 들어 있다. 매번
> 그대가 원할 때마다 나도 줄어들고
> 그대의 살 날도 줄어들 것이다
> 나를 가지길 원하는가?
> 가져라. 신이 그대의
> 소원을 들어주실
> 것이다.
> 아멘!

라파엘은 우리가 말로만 듣던, 소원을 들어주는 부적을 만난 겁니다. 라파엘은 이것이 장난인지, 아니면 진짜로 뭔가 불가사의한 힘이 있는 것인지 가게 주인에게 묻죠. 노인은 아무도 이 치명적인 계약을 감히 맺으려 들지 않아서 모르겠다고 합니다. 그러고는 덧붙입니다.

책의 진짜 쓸모는 뭐죠?

내 자네에게 단 몇 마디로 인간 삶의 위대한 비밀을 가르쳐 주겠네. 인간은 자신의 존재 원천을 고갈시키는 두 가지 본능적인 행위에 의해 기력이 소진되지. (중략) '바람'의 행위는 우리를 서서히 불태워 없애고 '행함'의 행위는 우리를 일거에 파괴시키지. 하지만 '앎'은 유약한 우리의 심신 구조를 항구적인 평온 상태로 유지시킨다네.

여러분이라면 이 나귀 가죽을 가져가겠습니까? 라파엘은 당연히 가져가죠. 그래야 소설이 전개되니까요. (저는 고민할 것도 없이 가져가지 않을 겁니다. 저는 소설 주인공감은 아닙니다.)

욕망 없이는 하루도 살 수 없는 게 인간이지라 라파엘은 늘 뭔가를 바라고 소원은 이루어지고 수명은 계속 짧아집니다. 제가 이 이야기를 꺼낸 것은 바람과 행함 말고 앎이란 게 더 있다는 점이 흥미를 끌어서입니다. 우린 대체로 바람과 행함만 생각하는 것 같습니다. 이 소설의 주인공은 아예 "아! 자네가 내 인생을 안다면……."이란 말로 이야기를 시작합니다. '안다면' 어떻게 된다는 말인가요? "지금부터 내 이야기를 들려줄게. 너는 들어 줘. 그럼 알게 될 거야." 이것이 아마 모든 책이 우리를 유혹하는 방식일 겁니다. 앎은 이야기에서 시작됩니다. 그리고 긴 이야기가 펼쳐지죠. '안다면' 어떻게 되는지 우린 아직 모릅니다. 책장을 덮어도 모를 수 있습니다. 다만 앎이 우리의 바람과 행함과 어떤 관계를 맺을 때, 책이 준 앎이 우리 삶을 어떻게 바꿔 놓을 수 있는지

여섯 번째 질문

조금씩 조금씩 알게 될 것입니다.

어쨌든 저는 작가들이 공들여 만들어 놓은 것을 쪼개서 불쏘시개를 만들어 제 몸을 덥히는 중입니다. 책을 읽는 것은 저자를 숭배하기 위해서도, 저자를 판단하기 위해서도 아닙니다. 장 그르니에가 말했듯이 저자의 지혜가 끝나는 데서 새로움이 시작되게 하기 위함인 것입니다.

◆

저는 앞에서 이미 책을 크리스마스 유령이라고 불렀고, 동굴 벽화라고도 불렀고, 마술 피리라고도 불렀지만 그걸로도 부족합니다. 책은 그 안에 토끼 몇 마리를 숨겨 두고 있는 마술사의 중절모이고, 소크라테스의 말파리이기도 합니다. 책이 소크라테스의 말파리인 이유는 이렇습니다. 사실 소크라테스는 자신을 말파리라고 생각했습니다. "너 자신을 알라."라고 하면서 계속 찔러 대는 거지요. 저는 책을 처녀 귀신이라고 합니다. 책은 아직도 할 말이 있어서 저세상으로 가지 못하고 구천을 떠도는 처녀 귀신들인데, 다만 이 처녀 귀신은 개인적인 원한을 풀어 달라는 이야기를 하기보다는 "내 말을 듣고 잘 생각해서 너도 잘 살아 봐."란 말을 합니다. 루쉰은 책을 공기구멍이라 했습니다. 우린 사방이 막힌 어딘가에 갇혀 있습니다. 숨구멍이 절대적으로 필요합니다. 루

책의 진짜 쓸모는 뭐죠?

쉰은 자신이 책을 쓰는 이유가 바로 그 숨구멍을 넓혀 주기 위해서라고 했습니다.『잃어버린 시간을 찾아서』에서 프루스트는 책을 확대경이라고 했습니다. "그들은 나의 독자가 아니라 그들 자신의 독자일 테니까. 나의 책은, 콩브레의 안경점 주인이 손님 앞에 내놓는 확대 유리알과도 같이 일종의 확대경에 지나지 않아, 나의 책은 그 덕분에 그들 자신을 읽는 방편을 내가 제공해 주는 구실을 한다."

『책의 우주』에서 프랑스의 시나리오 작가 장클로드 카리에르는『폴리스카 혹은 현대적 도착증』이라는 소설의 한 장면을 통해 책에 대한 가장 상상력 넘치는 정의를 내립니다. 한 인쇄공이 자기 아내가 부정을 범하고 있다는 사실을 발견합니다. 증거는 정부가 그녀에게 보낸 편지. 남편은 편지의 내용을 프레스 인쇄기에 조판하고 아내를 벌거벗겨서 탁자 위에 묶어 놓은 후 그 글을 그녀의 몸에 찍습니다. 여인은 고통으로 울부짖으며 영원히 책으로 변합니다. 장클로드 카리에르는 죄지은 여인의 육체에 연애편지를 인쇄하는 이 이미지가 작가의 본질이라고 합니다. 그렇다면 책은 연애편지가 찍힌 죄지은 몸이 되는 거죠. 저도 이 말에 동의합니다. 책은 위험한 생각들, 불순하고 전복적인 생각들, 하지 말란 생각들을 정체불명인 사랑의 힘을 통해 불멸로 만들고자 한 거니까요.

책과 삶의 관계에 대해 말한다면, "걸작은 시대를 통해서 매번 재발견된다. 그리고 우리는 걸작 속에서 매번 우리를 재발견한다."라는 말이 있습니다. 시인 쉼보르스카는 "우리 삶은 중간 부분이 펼쳐진 책이다."라고도 했습니다. 앞장으로 넘길수록 거슬러 거슬러 수많은 조상들의 삶이 책에 적혀 있겠죠.

책과 삶에는 치명적인 공통점이 하나 있습니다. 바로 운명에 대한 것입니다. 한 권의 책. 이 책의 운명은 언제 결정 나는가? 저자가 마침표를 찍었을 때? 서점에 진열했을 때? 인쇄소에 넘어갈 때? 도서관에 불이 안 날 때? 인간의 운명에 대해서도 같은 질문을 던져 볼 수 있습니다. 우리 운명은 언제 결정되나요? 부모님이 나를 낳았을 때? 대학에 갔을 때? 취업을 했을 때? 결혼을 했을 때? 버스를 잘못 탔을 때? 그 남자에게 우산을 빌려 주었을 때?

보르헤스는 각각의 책은 각각의 독서를 통해 다시 태어난다고 말했습니다. 즉 누가 어떻게 읽느냐에 따라 의미가 무한하다고 했습니다. 책의 운명은 쓰인 시간, 혹은 작가가 출판한 연도, 독자가 책을 구입한 그 시기에 결판나지 않고, 어떤 사람이 책을 읽는 바로 그 순간에 결정 난다고 했습니다. 책이 완료형이 아닌 것처럼 사람 또한 완료형이 아니라 앞으로 다가올 어떤 '의미 부여'를 기다리는 형식입니다.

책 하나하나가 우리를 부르는 영혼이고 인간 하나하나가 서로를 부르는 영혼입니다. 내 옆에 가까이 있는 것, 내가 가까이 두고자 하는 것, 나와 연결되어 있는 것, 나와 협력하는 것, 나를 변화시키는 것이 나를 무한히 창조합니다. 우리 삶은 무한히, 끝없이 갈라지는 길과도 같습니다. 그 갈림길마다 책들이 놓여 있을 수 있습니다. 목마른 나그네를 위한 하나의 이정표처럼, 하나의 쉼터처럼.

일곱 번째 질문

읽은 책을
오래
기억하는
법이 있나요?

잘 잊어버리기,
손으로 기억하기,
몸으로 기록하기

제가 제일 많이 받는 질문이 바로 이것인데요. 제게는 비법이 있습니다. 그것은 바로 '짬짬이 읽기'입니다. 저도 책 읽을 시간이 많지 않기 때문에 지하철이나 택시를 기다릴 때, 신호등이 바뀌길 기다릴 때, 심지어 물건 사고 계산을 기다릴 때도 가끔 읽습니다. 책을 읽다가 어디까지 읽었는지 일부러 표시를 해 두지 않습니다. 그러면 다시 책을 펼쳤을 때 어디까지 읽었는지 알 수가 없기 때문에 할 수 없이 앞 몇 페이지를 다시 읽게 됩니다. 그렇게 책을 읽으면 분명히 읽었던 페이지도 어쩜 그렇게 처음 보는 말로 가득한지……. 한 권의 책을 열 번, 스무 번 나눠 읽다 보면 결국 몇 번씩 읽는 페이지가 늘어납니다. '자꾸 다시 읽는 것', 이것이 저의 기억하기입니다.

게다가 저는 생각나는 게 있으면 난해한 글씨로 옆에다 뭐라고 끼적거립니다. 메모장을 따로 쓰는 분이 있는데 저는 책에만 적어 놓는 편입니다. 나중에 그 메모를 찾으려면 책 한 권을 통째로 다시 넘겨 봐야 합니다. 아주 불편하고 짜증 나고 비효율적인 일이지요. 펜이 없으면 손톱으로라도 긁어 놓습니다. 언젠가는 몇 구절이 너무 맘에 들어서 침을 발라 놓은 적도 있습니다. 메모의 경우 나중에 다시 볼 때 대체 뭐라고 썼는지 해독이 불가능하기 때문에 할 수 없이 옆 문장을 다시 읽게 됩니다.

◆

책을 오래 기억하려면 읽을 때 일단 주의 깊게 읽고 자꾸 생각하는 과정이 필요하겠지요. 책에서 최고의 것을 받으려면 관찰력과 상상력이 필요합니다. 상상력은 기발한 아이디어가 아닙니다. 상상력은 연결 능력입니다. 성공하겠단 욕망이 넘치는 사람이 아니라 주의 깊게 관찰하는 사람, 잘 들으려 하는 사람에게 상상력이 풍부합니다.

책을 어떻게 읽어야 하는가에 대해서 제가 제일 영향을 많이 받은 것은 사르트르의 '고매성의 협약'이란 말입니다. 고매하다. 참 오랜만에 듣는 말이죠? 고매성의 협약은 상대방에게 최고의 신뢰를 보내고 최고의 기대를 하는 겁니다. 작가는 독자와 고매성의 협약을 맺고 싶어 합니다. 작가는 독자에게 최고로 잘 읽을 것을 기대하고 요구하고, 독자는 작품 속에서 최고의 어떤 것을 찾아내려 합니다. 그 협약 아래서는 독자도 저자만큼이나 고통을 받습니다. 이때 독자는 책의 소비자가 아니라 책의 새로운 창조자, 즉 작가가 될 수 있습니다.

데카르트도 고매함에 대해서 말했습니다. 데카르트에 따르면 고매함은 타인을 신뢰하며 자신에게 관대한 사람에게서 나옵니다. 자기 자신에게 관대하다는 것은 자신에 대한 근본적인 의심을 거두고 실망에 굴복하지 않고 자신을 섣불리 비난하지 않는 것을 말합니다. (자신을 섣불리 비난하는 맘속에는 조금 지나치게 비난해서 에이, 그건 아니지, 하면서 자기를 용서하자는 생각도 있으니까요.)

자기 선택과 자유에 대해 책임을 지는 것은 귀찮고 번거로운 일이 아니라 고귀한 일이란 것을 아는 사람이 고매한 사람입니다. 고매한 사람이 따로 있는 게 아니라 고매한 태도를 가진 사람이라면 누구나 고매합니다. 전문적인 지식을 가진 사람이 최고의 독자가 아니라, 고매한 태도를 가진 독자라면 누구나 책에서 최고의 것을 가져가는 최고의 독자가 될 수 있습니다.

그렇다면 무엇이 최고의 것일까요? 제가 앞에서 최고의 것에 대해 말했다고 해서 최고로 '모든 걸' 기억해야 한다고 생각하시면 안 됩니다. 누구나 책을 읽고 나서 많은 것을 잊어버립니다. 그걸 어떻게 다 기억합니까? 다만 잘 잊어버리는 게 중요합니다. 책이야말로 잊을 건 잊고 기억할 건 기억하면서 전해져 내려온 것입니다. 우리가 읽은 것도 기억 속에서 지울 것은 지우고 기억할 것은 기억해야 합니다. 내용을 쳐 내서라도 조금이라도 실체를 보는 것이 더 중요합니다.

아무것도 잊어버리지 않는 사람이 등장하는 소설이 두 편 있습니다. 한 편의 주인공은 모든 것을 기억하기 때문에 정보원으로 활동하다가 암살당합니다. 또 한 편은 보르헤스의 『픽션들』에 나오는 「기억의 천재 푸네스」인데요. 푸네스가 겪는 비극은 중요한 것과 중요하지 않은 것을 구별하지 못하는 것입니다.

「기억의 천재 푸네스」에 나오는 푸네스는 포도 덩굴에 달려 있는 모든 포도 알과 포도 줄기를 감지하고, 1882년 4월 30일 새벽 남쪽 하늘에 떠 있던 구름의 모양과 단 한 차례 본 어느 책의 가죽 장정 줄무늬와 케브라초 전투 전야의 네그로 강에서 일어난 물보라와 그 밖에 단 한 차례 본 모든 것들을 기억합니다. 그는 "나 혼자서 지니고 있는 기억이 이 세상이 생긴 이래 모든 인간이 가졌을지도 모르는 기억보다 더 많을 거예요."라고 말한 뒤 이렇게 덧붙입니다. "내 기억은 쓰레기 더미와도 같지요." 쓰레기 더미와도 같은 기억이란 무엇일까요? 그 기억들이 의미가 없다는 말일 것입니다. 모든 날을 기억하는 것보다 의미 있는 하루를 기억하는 것이 훨씬 중요합니다.

그러니 마음 놓고 잊되 꼭 오래 기억하고 싶은 게 있다면 어딘가에 간단히 발췌를 해 놓건, 필사를 하건, 에라스무스처럼 주석을 달건, 뭐든 써 보는 겁니다. 발터 벤야민은 한 권의 책이 자기 것이 되는 것은 옮겨 쓸 때라고 하기도 했지요.

저 역시 아무 이유 없이 노트를 한 권 사서 문장을 필사해 본 적이 있습니다. 괴테의 『이탈리아 기행』에 나오는 문장입니다. 괴테가 베네치아에 갔을 때 쓴 글입니다.

> 달빛을 받으며 나는 곤돌라를 탔다. 한 사람의 가수는 안쪽에, 다른 사람은 뒤쪽에 타고 있었다. 둘이서 노래를 시작하여 교대로 한 구절씩 부른다. (중략)
> 잘 울리는 목소리로 (이 나라 사람들은 무엇보다도 강력함을 존중한다.) 섬이나 운하의 물가에 배를 대고 있는 대로 소리를 지르면서 노래를 부른다. 노랫소리는 조용한 수면으로 퍼져 간다. 그러면 또 이쪽에서 노래를 불러 보내는 식으로 자꾸만 서로 응답을 하는 것이다. 노래는 며칠 저녁이고 계속되며 두 사람은 지칠 줄 모르고 즐긴다. (중략)
> 노래의 의미가 차차 이해되어 왔다. 멀리서 들려오는 소리를 들으면 슬픔을 동반하지 않은 호소의 소리와 같이 아주 이상한 느낌이 든다. 그 소리에는 무엇인가 눈물이 날 정도로 감동적인 요소가 있었다. 나는 그것을 내 기분의 소치라고 생각하였는데 나의 늙은 하인도 다음과 같이 말하는 것이었다. "그 노랫소리를 듣고 있으면 이상하게도 마음이 감동됩니다. 노래를 더하면 할수록 더 잘 부릅

니다." 그는 나한테 또한 리도의 여인들, 특히 말라모코와 펠레스트리나 여인들의 노래를 들려주고 싶다고 하였다. (중략) "그 여자들은 남편이 고기를 잡으러 바다로 나가면 저녁에 바닷가에 나와 앉아서 투명한 목소리로 노래를 부르는 관습이 있습니다. 그러면 멀리 바다에 나가 있는 그 남편이 그 소리를 듣고 서로 노래를 교환하는 것입니다."

괴테는 이 구절을 쓰고 이런 말을 합니다.

그렇게 불려지면 노래의 뜻이 인간적이고 진실한 것으로 되고 지금까지는 생명 없는 글귀로 머리를 썩혔던 멜로디는 살아 생명력을 지니게 된다. 그것은 고독한 자가 똑같이 쓸쓸한 생각을 품고 있는 사람에게 듣고 대답하라고 먼 곳으로 울려 보내는 노래인 것이다.

저는 이 문장을 그대로 필사하고 왜 필사했는지를 몇 년 뒤에 자신에게 물어봤습니다. 그리고 이 곤돌라 사공의 노래는 처음 읽었을 때보다 시간이 흐를수록 제게 더 큰 의미가 되었다는 것을 알았습니다. 저는 자신에게 이런 질문을 던졌던 것입니다. "고독한 자가 똑같이 쓸쓸한 생각을 품고 있는 사람에게 듣고 대답하라고 먼 곳으로 울려 보내는 노래" 같은 게 혹시 너에게도 있느냐? 그 뒤로 저는 어쩌면 곤돌라 가수들과 그 아내들을 모방하며 살고 있는지도 모르겠다는 생각도 듭니다. 일단 저기 먼 곳에 나와 같은 기분을 느끼는 사람이 한 명은 있다고 믿고 (지금 당장은 내 눈앞에 보이지 않아도) 고독한 바다 너머로 노래를 하듯이 살았던 것도 같습니다.

◆

요즘은 서평을 쓰는 사람들이 점점 많아지고 있습니다. 아주 좋은 일이라고 생각합니다. 저도 그중에 한 명이고요. 서평 쓰기에 대해서는 한 가지만 강조하고 싶습니다.

우리는 꼭 문학 평론가나 학자가 되려고 읽고 쓰는 것이 아닙니다. 사는 데 도움을 받고 자기를 표현하기 위해서 읽고 쓰는 겁니다. 서평은 아마추어의 예술입니다. 서평은 자기 생각을 써 보는 것입니다. 그것이 아무리 혼란스러워 보여도 진실된 마음이 담겨 있으면 됩니다. 서평은 자기 자신입니다. 나의 서평이 누군가의 맘과 통한다면 너무나 좋습니다. 나와 그 누군가는 친구가 된 셈이니까요.

책의 우주엔 수많은 말들이 떠다닙니다. 책의 바다엔 수많은 이야기들이 있습니다. (살만 루슈디는 아예 책 제목을 『하룬과 이야기 바다』라고 했습니다.) 우린 그중에 몇 개를 취합니다. 그것을 옮겨 적습니다. 왜 그 순간 다름 아닌 그것이 맘에 와 닿았던 걸까

읽은 책을 오래 기억하는 법이 있나요?

요? 그것을 아는 것이 중요합니다. 초고가 맘에 들지 않을 확률은 99.999999퍼센트입니다. 그러다 보니 서평을 쓰는 사람들은 자꾸만 고치고 새로 쓰려고 합니다. 그 태도가 인생 전반에 영향을 미치게 됩니다. 자꾸만 다시 잘해 보려고 하는 거 말이에요. 어떻게든 새로.

뒤라스는 "펼쳐진 책은 밤"이란 표현을 쓴 적이 있습니다. 처음엔 밤에만 책을 읽는다는 말인가 생각했습니다. 물론 그 뜻이 아니겠지요. 책과 글은 밤과도 같은 고독과 단절을 필요로 합니다. 펼쳐진 책은 우리가 예전에 알았으면 좋았을 것, 하지만 아직도 확실히 알 수 없는 것, 언젠가 알게 되지 않을까 희망을 품게 되는 것들에 대해 말해 줍니다. 그것을 고독 속에서 생각하게 합니다.

고독 속에서 읽고 쓰는 동안 우리는 스스로를 도우려고 애쓰는 중입니다. 책의 힘, 그리고 책에 담긴 타인의 힘을 빌려 마음 깊은 곳에 있는 자기 자신에게 돌아가려고 애쓰는 중입니다. 뭔가에, 누군가에 의지해서 애쓰고, 어렵게 알아내고, 그리고 그 가치를 허투루 여기지 않는 사람만이 결국 자기 자신에게도 관대하고 타인에게도 잘 대할 수 있지 않을까요?

몇 년쯤 있다가 자기가 썼던 서평들을 보면 그것이 아무리 우스워도 이 싯구 같은 마음이 절로 들 것입니다.

너는 아까 다른 일 때문에 여기 왔었지.

그리고 지금은 가 버렸구나. 이 구석에서

어느 날 밤, 네 곁에서,

너의 부드러운 품 안에서

도데의 콩트를 읽었지. 사랑이

있던 곳이야. 잊지 마.

— 세사르 바예호, 「트릴세 XV」

책을 기억하는 방법이 한 가지 더 있습니다.

난 눈을 반쯤 감고 실눈으로 사물을 바라보곤 했어요. 그러면 가느다란 틈 같은 시야만 남는데, 그 사이로 보고 싶은 것을 생생하게 바라보곤 했습니다. 그러다 몸을 잽싸게 세 번 굴렸지요. 그렇게 하면 덫을 놓은 듯이 내가 본 것을 사로잡을 수 있다고 여겼거든요. 더구나 본 것뿐 아니라 소리, 향기도 영원히 담아 둘 수 있다고 믿었습니다.

이건 『소멸의 미학』에 나오는 사진작가 자크 앙리 라르티크의 인터뷰 내용입니다. 그렇습니다. 저희도 몸을 세 번 구르면 됩니다. 믿어지지 않죠? 진짜로 해 보세요. 저도 해 봤습니다. 저는 세 번이 아니라 어지러울 정도로 굴러 봤는데 (대략 30번쯤 될 것 같은데) 그런데 실패했습니다. 아마 너무 많이 굴러서 어지러워서 실패한 것 같습니다. 세 번이었으면 성공했을 거라고 믿습니다.

이 인터뷰가 전하고 싶었던 것은 라르티크가 자기 몸과 카메라를 무심코 동일시했다는 겁니다. 실눈으로 보기, 그리고 세 번 구르는 것만큼 시간을 두기 같은 거죠. 우리에게도 손으로 하는 필사가 아닌 몸으로 책을 기록하는 방법이 있습니다. 몸으로 책을 기록하기는 '행동하기'입니다.

제 선배는 체 게바라의 책을 읽고 그를 따라가는 남미 여행을 했기 때문에 체 게바라의 책을 영원히 기억하게 되었습니다. 여행을 다녀와서 그 경험을 책으로 남겼기 때문에 체 게바라는 그의 일생에서 더 생생하게 의미를 갖게 되었습니다. 또 다른 선배는 스콧 니어링과 헬렌 니어링 부부의 『조화로운 삶』을 읽고 서울 근교로 이사를 가 나무를 심고 텃밭을 가꾸며 자신만의 조화로운 삶을 찾고 있습니다. 그 선배도 이 책의 내용을 선명하게 기억합니다.

앞의 인터뷰 내용 중 맞는 것이 또 있습니다. 그가 생각했던 것과 비슷하게 책도 소리와 향기까지 담아 둘 수 있습니다.

한번은 차 안에서 책을 읽는데 뭔가가 쿵 하고 지붕을 칩니다. 처음엔 무시했습니다. 그런데 다시 또 쿵 하고 뭔가가 지붕을 칩니다. 저는 창문을 열고 밖을 내다보았습니다. 아무도 보이질 않았습니다. 저는 다시 책을 읽었는데 또 쿵 칩니다. 저는 번개같이 밖으로 뛰어나왔습니다. 여전히 아무도 보이질 않았습니다. 그때 기다리고 있던 친구가 왔기에 정체불명의 '쿵' 소리 이야기를 들려줬습니다. 그런데 그 이야기를 끝내자마자 또 쿵 하고 뭔가 무거운 것이 지붕을 쳤습니다. 저는 "너도 들었지?" 하고 눈으로 물었습니다. 저희는 차 문을 열고 후다닥 뛰어나가 지붕 위를 봤습니다.

지붕 위에 뭐가 있었을 것 같아요? 바로 목련이었습니다. 만개한 목련이었습니다. '쿵' 소리는 목련이 떨어지는 소리였습니다. 그때 제가 읽었던 책은 『한여름 밤의 꿈』이었습니다. 제 『한여름 밤의 꿈』에는 바람에 날리는 목련이 내던 쿵 소리가 묻어 있습니다. 『한여름 밤의 꿈』을 펴면 꼭 '쿵' 소리가 들립니다. 어떤 날은 '끙'으로도 들립니다. 책을 읽을 때, 우리는 주변의 소리와 향기까지 읽는 것입니다. 읽던 책을 덮을 때, 책장에는 주변의 소리와 향기까지 딸려 들어옵니다. 며칠 후 책장을 열면 그때의 소리와 향기까지 함께 펼쳐지는 것입니다.

◆

책을 오래 기억하는 방법은 아니지만 오래 기억할 수밖에 없는 경우도 소개하고 싶습니다. 일부러 기억하려고 애쓰지 않아도 어쩔 수 없이 절대로 잊어버릴 수 없는 책, 오래 기억에 남는 책도 존재합니다. 삶의 '사건'이 된 책들입니다.

어느 날 저는 고전을 공부하는 강대진 선생님과 『일리아스』에 대해 이야기를 나눴습니다. 강 선생님은 제게 이렇게 말했습니다.
"『일리아스』의 주제는 죽을 수밖에 없는 인간의 운명을 다루는 것이라고도 할 수 있어요. 반은 인간의 아들이고 반은 신의 아들인 아킬레우스가 우리를 대표해서 그런 고민을 해요. '어떻게 죽어야 하나?' 아킬레우스는 고향 땅에서 평범하게 장수하며 일상의 행복을 누리는 것과 전쟁터에서 요절하여 영원한 명성을 얻는 것 중 선택을 할 수 있었습니다. 그리고 그는 두 번째 것을 선택했어요. 어차피 죽을 수밖에 없다면 불멸의 명성을 택하자는 생각이었겠죠. 그러나 아킬레우스의 마음도 수시로 흔들립니다.

그런데 호메로스는 『일리아스』에서 좀 특이한 선택을 합니다. 이야기에서 별로 중요하지 않은 전사들이 죽어 가는 순간에, 마치 영화에서 과거 회상 장면이 나올 때처럼 현재의 전쟁 장면을 잠깐 멈추는 겁니다. 그러곤 전사들을 하나하나 호명하며 그 전사들의 이야기를 들려줍니다. 만약 시모에이시우스란 사람이 죽는 장면이라면 '이때 텔레몬의 아들 아이아스가 안테미온의 아들인 혈기왕성한 젊은이 시모에이시오스를 맞혔다. 이 자는 일찍이 그의 어머니가 이데 산에서 내려오는 길에 시모에이스 강둑에서 낳았다. 그러나 그는 사랑하는 부모님들에게 길러 준 은공도 갚지 못했고 기상이 늠름한 아이아스의 제압하는 창 아래 스러지고 말았다.'라고 말합니다. 만약 트로이군 이피다마스가 죽는 장면이라면 그는 갓 결혼한 신랑의 몸이었지만 신방에 들어가 보지도 못하고 가엾게도 아내의 곁을 멀리 떠나 청동의 잠을 자게 되었다고 하죠.

시인은 왜 그렇게 했을까요? 그는 그 누구도 엑스트라로 만들고 싶지 않았던 것 같습니다 호메로스는 죽은 자들에게 경의를 표합니다. 그 죽음을 비통해하고 가슴 아픈 것으로 만듭니다. 죽은 젊은이는 부모가 길러 준 은혜에 보답하지 못할 것이고, 고향 땅에서 아들을 기다리는 부모는 아들의 얼굴을 다시는 보지 못할 것이고, 죽은 이들의 어린 자식들은 아비 없이 자라날 것입니다. 시인은 그 죽음에 나름대로 경의를 표하는 거죠."

강 선생님은 이쯤에서 "그런데 정 PD는 어떻게 지냈어요?" 하고 묻습니다. 저는 얼마 전에 희망버스를 탔다고 말했죠.

"1차 희망버스를 타고 부산 한진중공업에 갔을 때 여러 번 마음이 흔들리더라고요. 첫 번째는 한진중공업에 도착해서 85호 크레인이 보이는 곳에 앉아 김진숙 민주노총 지도 위원에게 인사를 건넬 때였어요. 어둠 속의 크레인은 거대했어도 거기 올라선 사람은 어른거리는 작은 그림자에 불과했어요. 우리는 '안녕하세요.'나 '힘내세요.' 같은 인사말부터 건넸어요. 우리가 한 번 소리를 지를 때마다 김진숙 지도 위원은 팔로 있는 힘껏 포물선을 그리며 인사를 했어요. 손에 손전등을 들고 있었기 때문에 그녀가 팔을 휘저을 때마다 빛이 움직였지요. 우리가 말을 건네고, 그녀가 깜빡거리고, 우리가 말을 하고, 그녀가 다시 깜박거리길 몇 차례 반복하는 동안 마치 밤하늘을 배경으로 모스 신호를 주고받는 것 같은 기분이 들었어요. 한 가지 이상했던 것은 위로하러 간 것은 우리고, 위로 받아야 할 사람은 그녀였는데 시간이 지나면서 점점 우리가 조난자고 그녀가 변치 않는 한 점 등대 불빛인 것만 같이 느껴지는 거예요.

그런데 라디오 PD 입장에서 볼 때 김진숙 지도 위원의 목소리는 정말 특이했어요. 목소리 자체가 좀 성스러웠어요. 마치 저 높은 하늘에서 아련한 성녀의 목소리가 내려오는 것 같았어요. 저는 그녀가 오랜 세월 단식을 했기 때문에 내장에 우리보다 빈 공간이 많나 하는 생각까지 했어요. 그러니까 그녀가 무슨 말을 할 땐 소리가 몸속에서 나오는 게 아니라 동굴에서 나오는 것 같았어요. 끝을 알 수 없는 깊은 동굴을 통과해서 나오는 목소리 같았죠. 몸 자체가 하나의 공명 장치 같았어요. 그녀는 85호 크레인 위에서 '우리 조합원들을 한 번 봐 주십시오.'라고 했어요. 그래서 우리는 조합원들을 보았죠. 파란색 옷들을 입어서 스머프 같아 보였어요. 그녀는 자기 동료들이 매일같이 반복되는 퇴거 압력에, 손해 배상 가압류에 경찰서를 몇 번씩 불려 다니고 가족들 성화까지 견뎌 가며 여기까지 온 사람들이라고 했어요. 지친 어깨에 가족들 생계를 걸머지고 밤엔 절망으로 쓰러지고 아침이면 어디 있는지도 모르는 희망을 찾아 기를 쓰고 버텨 온 사람들이라고 했죠. 그러고는 그녀는 이렇게 말했어요.

'지금까지 여러분들이 이 85호 크레인을 생각하셨다면 이제부터는 우리 조합원들을 기억해 주십시오. 2003년 그 모질었던 장례 투쟁의 와중에 장애를 가지고 태어난 현서, 다림의 애비 고지훈, 김갑렬을 기억해 주십시오. 직장에서 잘린 동생을 지키기 위해 끝까지 함께 싸우는 최승철을 기억해 주십시오. 말기 암으로 언제 운명하실지 모르는 아버지보다 동료를 지키기 위해 농성장을 지키는 박태준을 기억해 주십시오. 비해고자임에도 이 크레인을 지키고 있는 한상철, 안형백을 기억해 주십시오…….'"

그런데 저는 더 말을 잇지 못했습니다. 바로 그때 강 선생님이 울기 시작했거든요. 그는 비통하게 흐느끼더니 겨우겨우 한마디를 뱉었습니다.

"그게 바로 일, 리, 아, 스예요."

"……"

"『일리아스』의 전체 구성은 아킬레우스의 분노로 시작해 화해로 끝납니다. 이 화해가 어떻게 가능한 것이었을까요? 『일리아스』 이전까지는 용기야말로 남자의 덕이었습니다. 전사의 영광과 명예는 전장에서 많은 적을 죽이는 거였죠. 그런데 아킬레우스는 새로운 명예를 얻었어요. 그것은 헥토르의 시신 반환 과정에서 나타납니다.

『일리아스』에서 아킬레우스는 성장합니다. 그 핵심은 인간의 운명에 대한 통찰이에요. 그는 프리아모스를 맞아 접대하고 위로하고 아들을 돌려보내 주고 장례를 위해 며칠간 말미를 줍니다. 이것은 신들의 명령에 따른 것이 아닙니다. 헥토르의 아버지 프리아모스를 만났을 때 아킬레우스도 자신의 늙은 아버지를 떠올렸던 거죠. 이제 그는 동료 인간의 고통을 이해하고 그들을 동정하고 이 세계 안에서 할 수 있는 한 관용을 베푸는 자가 되려고 하는 거예요.

그가 프리아모스의 또 다른 아들인 리카온을 죽일 때 리카온은 아킬레우스에게 살려 달라고 합니다. 그때 아킬레우스는 이렇게 말합니다. '자, 친구여. 왜 이렇게 우는가? 나는 고귀한 아버지에게서 났으며 여신인 어머니가 나를 낳았다. 그러나 내 위에도 죽음과 강력한 운명이 걸려 있다.' 아킬레우스는 친구여, 라고 부르는 겁니다. 죽음의 운명을 공유하는 동료 인간이여, 친구여, 라고 부르는 거예요.

인간이 이렇게 행동하는 동안 신들은 인간의 싸움을 구경하고 잔치를 즐깁니다. 그들이 인간사에 관여할 때는 이해관계나 사소한 원한 때문인 경우가 많습니다. 그렇다고 그것을 끝까지 밀어붙이지도 않아요. 인간을 안타까워하는 마음은 있지만 그들에게 인간은 나뭇잎과도 같습니다. 중요한 것은 신들에겐 발전이 없다는 거예요. 물론 프로메테우스의 경우는 다르지만요.

우린 죽음이란 운명을 의식하고 그것을 받아들입니다. 아킬레우스는 분명히 새로운 명예를 얻었어요. 그것은 동료 인간에게 보여 준 관용에서 나온 겁니다. 동료 인간에 대한 존중과 동정심에서 나온 거예요. 이렇게 해서 아킬레우스는 인간의 운명과 더불어 인간의 성장 가능성, 거기서 비롯되는 위대함을 보여 줬어요. 우린 죽기 때문에 신도 하지 못하는 일을 하는 거예요. 죽음이란 얼마나 소중한지, 사랑이나 용기도 우리가 죽기 때문에 나옵니다. 죽을 수밖에 없다는 약점을 강점으로 바꾸는 것이 우리 인간에게 신적인 위치를 부여하는 일이에요."

저는 이렇게 신화와 서사시 속 모험 이야기를 지금 여기 대한민국에서 만났고, 시인의 슬픔을 이해하듯 김진숙 지도 위원의 슬픔을 이해했고, 책의 한 귀퉁이만을 차지하는 전사를 이해하듯 조합원들을 이해했습니다. 그녀의 이야기를 몰랐더라면 아, 나도 『일리아스』를 읽었어, 나도 교양 좀 쌓았어, 라는 뿌듯함만을 느꼈을 수도 있습니다. 하지만 아주 구체적으로 삶과 책이 만났을 때 둘은 더 강한 목소리를 냈습니다. 우리 인간은 원래 서로 다른 인간의 이름을 부르는 존재라는 것. 동료 인간의 슬픔을 헤아리고 그 슬픔에 경의를 표하는 존재라는 것. 우리 인간은 슬픔과 절망과 고통에 빠져 허우적대기도 하지만 또 맞서 싸우기도 하는 존재라는 것. 운명에조차도 맞서 싸우는 존재라는 것. 불가능해 보이는 것일지라도 그걸 뛰어넘으려 밀고 나가는 존재라는 것. 이런 것들을 깨우쳐 알게 했기 때문에 『일리아스』는 저에게 잊을 수 없는 책이 되었습니다.

아마 저는 이 책을 살아 있는 내내 잊지 못할 것입니다. 왜냐하면 저는 이 책이 준 가르침에 충실하게 살고 싶기 때문입니다. 인간은 다른 인간의 이름을 부른다. 인간은 다른 인간의 슬픔에 경의를 표한다……. 저는 이 책이 준 깨우침도 책의 내용만큼이나, 아니 그보다 더 오래 기억하고 싶습니다.

◆

그런데 우린 왜 책을 오래 기억하고 싶어 할까요? 저는 갑자기 궁금해졌습니다. 좋았던 것, 한때 중요하게 느껴졌던 것, 뚜렷하지는 않지만 아스라하게 내 머릿속에 남아 있는 것, 이런 것들은 왜 잊히면 아쉬운 걸까요? 우린 왜 끄집어내고 싶어 할까요? 지혜로워지고 싶어서이기도 하겠죠. 배움에 의지하고 지식에 도움을 받고 싶어서이기도 하겠죠. 하지만 책 속에 담긴 지혜는 무언가를 이루는 수단이 아니라 삶의 동반자, 다시 만나면 너무나 반가운 오랜 친구이기도 합니다.

며칠 전에 엄마와 전화로 짤막하게 나눈 대화가 생각이 납니다. 엄마는 계속 공부를 하고 싶어 합니다. 이렇게 말하면서요. "이제 공부를 하면 무엇이 새롭겠니? 새로우면 얼마나 새롭겠니? 나는 이미 알던 것들을 마지막으로 다시 한 번 손가락으로 하나하나 헤아리면서, 느껴 보면서, 불러 보면서, 배워 보고 싶단다. 그립잖아."

여덟 번째 질문

어떤 책부터
읽으면
좋을까요?

우리를 계속
꿈꾸게 하는 리스트

당장이라도 리스트를 보내 드리고 싶습니다. 세상엔 꼭 피해야 할 나쁜 책들도 넘쳐나니까 할 수만 있다면 도움을 드리고 싶은 마음이 굴뚝같습니다. 하지만 결론부터 말하면 스스로 한 권씩 짠 리스트가 가장 좋습니다.

저희 엄마에게는 꿈이 있습니다. 그 꿈은 시대에 좀 안 어울리는 것 같지만 신사임당입니다. 엄마 인생의 롤 모델은 신사임당과 추사 김정희였습니다. 신사임당과 김정희의 공통점이라곤 딱 하나인 것 같습니다. 글씨를 썼다는 거죠. 엄마도 제가 태어나기 전부터 지금까지, 붓글씨를 쓰고 사군자를 그리는 걸 인생의 큰 즐거움으로 알고 지냅니다. 제가 어렸을 때 검은색 헝겊으로 된 채본 가방을 들고 매주 한 번씩 유명한 선생님들을 찾아다니면서 글씨를 배우던 엄마의 모습이 지금도 선명하게 기억납니다. 엄마는 그런 날은 흥분해서 오늘은 초서체를 썼다는 둥 오늘은 완벽하게 풀 초 자를 그렸다는 둥 마음 심 자의 점을 완벽하게 찍게 되었다는 둥 그날 있었던 이야기를 들려줬죠. 엄마는 거실 한가운데 커다란 철제 조립식 테이블을 들여다 놓고 그 위에 군용 담요를 깔고 글씨를 썼습니다. 저는 옆에서 먹을 갈아 드리곤 했습니다. 언제부터 붓글씨를 좋아했냐고 여쭤 봤더니 계기는 좀 싱거웠습니다. 제사를 지낼 때 아빠가 매번 늦게 오는 바람에 할 수 없이 엄마가 지방을 썼는데 기왕이면 잘 쓰고 싶어서 배우기 시작했단 겁니다. 그런데 문제는, 엄마의 꿈이 신사임당인 건 좋은데 그러려면 자식이 율곡이어야 한다는 점입니다. 전 율곡에 대해선 10만 양병설밖에 모르는데 말입니다.

엄마는 항상 명분과 실리를 동시에 겨냥하는 사람이었습니다. 그게 하도 교묘하게 섞여 있어서 어느 게 명분이고 어느 게 실리인지 알 수가 없을 정도였습니다. 하여간 엄마는 한 마리 토끼를 쫓는 법이 결코 없었습니다. 항상 두 마리 혹은 세 마리를 쫓았습니다. 카이사르가 자신은 한 가지 목적을 위해서 움직인 적이 없다고 했는데, 우리 엄마가 진정으로 카이사르형 엄마였습니다. 이를테면 자식 중 누군가와 갈등이 생기면 꼭 몸져눕습니다. 처음에 우린 저건 연극이야, 하다가 나중엔 진짜인가 걱정이 되고 결국 사과를 하게 되지요. 그러면 엄마는 이제 다 나았다, 네 피아노 소리가 듣고 싶구나, 합니다. 저세상인지 이 세상인지 그래야 알 수 있겠다, 라고 하지요. 한편으론 사과를 받아내면서 한편으론 그 작은 기회도 자식에게 한 번이라도 더 피아노를 연습시키는 계기로 삼고자 했던, 참으로 눈물겨운 모성이지요.

어느 날 제게 사춘기 2차 성징이 나타났습니다. 가슴이 봉긋해진다거나 뭐, 인간 여자로서 피할 수 없는 운명이란 게 닥친 거지요. 저는 좀 두렵고 심란해서 엄마에게 어떻게 하면 진정한 여자가 될 수 있는지 물었습니다. 엄마는 제게 말했습니다. "진정한 여자? 앞으로 아무 데서나 오줌 싸지 마라." 실비아 크리스텔이 나오는 비디오 「개인 교수」를 본 저에겐 참 어처구니없는 말이었습니다. 장점이 있다면 실천하기 그렇게 어렵지 않다는 것뿐이었습니다.

그런데 명분과 실리를 동시에 쫓는 엄마의 실력이 다시 한 번 여지없이 발휘되었습니다. '딸의 사춘기를 율곡 같은 학자가 되는 트리거 포인트로 활용하자. 학문에 매진할 기회로 삼자.' 엄마는 속으로 이렇게 생각했을 겁니다. 그래서 내 손을 잡고 버스를 타고 서점에 갔습니다. 거기서 소위 말하는 부인 시리즈를 샀습니다. 『보바리 부인』, 『댈러웨이 부인』, 『채털리 부인의 연인』. 배움에 정도는 없는 거라지만 저는 안데르센을 읽다가 갑자기 톨스토이를 읽는 꼴이 되어 버렸습니다.

당연히 저는 그 책들이 무슨 말인지 전혀 이해하지 못했죠. 『댈러웨이 부인』은 런던에는 빅뱅이란 시계가 있고, 그 시계가 울릴 때 머릿속이 원래 복잡한 사람은 많은 생각을 한다 정도로 이해했고, 『채털리 부인의 연인』은 어른들은 몸에 있는 온갖 구멍에 꽃을 꽂고 놀기도 한다더라로 받아들였습니다. 그 장면이 야하지도 않았기 때문에 저는 울화통이 터졌습니다. 거인국에 간 걸리버가 최고의 미인들을 보고도 그 땀구멍이 너무 거대해서 아무 감정도 못 느끼는 것과 비슷한 기분이었다고나 할까요? 『보바리 부인』만큼은 이해하기가 좀 더 쉬었습니다. 개가 나비를 쫓아다니는 장면이 있는데 그거야말로 우리 개가 매일 하는 일이었습니다. 그렇다고 진정한 여자가 되기 위해서 개가 나비를 쫓는 것을 계속 보고 있을 수는 없는 노릇이었습니다. 어쨌든 우리 엄마의 율곡 프로젝트 덕분에 저는 첫 번째 책 리스트를 갖게 되었습니다. 제목은 '진정한 여자가 되기 위한 책 리스트'.

두 번째 리스트가 생긴 건 남학생에게 관심을 갖기 시작할 무렵이었습니다. 제가 마음에 두고 있던 아이가 있었습니다. 키가 크고 공부를 잘하는 아이였는데 미적분을 같이 푸는 것이 그렇게 즐거울 수가 없었습니다. 사랑은 미적분과 함께 온다. 우리 엄마는 다시 명분과 실리의 화신이 되었습니다. 어느 날 이렇게 말했습니다. "상반신만 허락해라." 물론 코 위만 허락해라보다는 훨씬 관대한 말이었습니다. 저는 물었죠. "손은 상반신이야, 하반신이야?" 우리 엄마는 "하반신이지."라고 했습니다. 손 잡는 게 제일 먼저인데 그럼 아무것도 안 된단 말이지 않습니까? 그리고 쓱 지나가는 말로 카츄사(카튜사)란 여자가 나오는 책과 테스란 여자가 나오는 책이 있으니 읽어 보라고 했습니다. 그러곤 "카츄사는 떠나간다"란 노래 가사를 흥얼거렸습니다. "카츄사"란 여자가 나오는 책은 톨스토이의 『부활』이었고, 테스가 나오는 책은 토머스 하디의 『테스』였습니다. 『부활』을 읽어 보니 하룻밤 사랑을 나눈 여자가 그 뒤에 매춘부가 되었다가 살인 누명을 뒤집어쓰는 내용이었고, 『테스』는 순결을 잃은 여자가 억울하게도 교수형에 처해지는 내용이었습니다. 이제 순결은 죽느냐 사느냐의 문제가 되었습니다. 이렇게 해서 저에게는 두 번째 리스트가 생겼습니다. '목숨 부지하고 사는 법을 다룬 책 리스트'.

그 책들은 두 번 다시 읽지 않고 던져 뒀다가 몇 년 전에 마음먹고 한 번 읽어 봤습니다. 그런데 놀랍게도 그 책들은 어렸을 때 알던 것과는 딴판으로 재미있을 뿐만 아니라 그때는 전혀 이해하지 못한 것들을 이해할 수 있었습니다. 저는 밥만 먹고 아무것도 하지 않은 게 아니었습니다. 그사이 수많은 일을 겪었던 것입니다. 저는 죽도록 고생하고 살아온 겁니다. 저도 제가 그렇게 열심히 산 줄 몰랐습니다. 배신도 알고, 권태도 알고, 의식의 흐름도 알고, 여자의 운명이란 건 그것이 타락처럼 보일지라도 여자의 품성 때문에 빚어지는 일이 아니란 것도 알게 된 것입니다. 그 책들을 이해하는 데는 단지 시간이 좀 필요했던 겁니다. 『채털리 부인의 연인』은 명성과는 달리 다시 읽어도 큰 흥미를 느끼지 못했지만, 『부활』과 『보바리 부인』은 다시 읽은 뒤로 큰 영향을 받았습니다.

단테가 사랑하는 베아트리체를 따라서 지옥, 연옥, 천국을 여행했던 것처럼 『부활』에서 네흘류도프도 죄인이 된 카튜사를 따라다니면서 러시아를 다시 경험합니다. 그것이 그를 점점 변하게 합니다. 카튜사가 다시 살아나는 것만큼 네흘류도프의 변화도 중요합니다. 저는 톨스토이가 무엇을 부활이라고 부르고 싶었는지 이해할 수 있을 것 같았습니다. 『부활』에서 가장 기억에 남는 것은 남자 감방에서 복도에도 사람이 꽉 차 현관 옆에 놓인, 오물이 새어 나오는 변기통 바로 옆에 세 사람이 누워 잠들어 있는 장면입니다. 그중 한 사람은 노인이고 또 한 사람은 열 살가량의 소년입니다. 두 죄수 사이에 낀 소년은 한쪽 손을 뺨 밑에 대고 한 죄수의 다리를 베개 삼아 자고 있습니다. "타락에도 불구하고 여전히 서로에게 연민과 사랑을 품고 있는 사람들 때문"에 네흘류도프는 그 밤에 닭이 두 번 울 때까지 자지 못하고 뒤척입니다. 닭이 우는 부활의 아침입니다.

『보바리 부인』을 읽고 났더니 수많은 엠마 보바리가 길거리를 활보하는 것이 보입니다. 그녀들은 엠마 보바리가 즐겨 읽었던 연애 소설 대신에 패션 잡지를 읽겠지만 권태에 물들어 질식해 죽을 지경인 건 그녀와 다를 것이 없습니다. 『보바리 부인』을 지금 다시 읽어야 하는 이유는 그 책이 서울대 필독 도서여서가 아니라 삶에서 진짜 바보 같은 게 뭔지를 알게 해 주기 때문입니다. 상상력이 없으면 벌어지는 일 말입니다. 플로베르는 흔해 빠진 "아무것도 아닌 것"(시시한 여자의 싸구려 연애)에 대해 썼다고 표현했지만 제게 이 책이 중요했던 것은 제가 '아무것도 아닌 것'의 과잉 속에 푹 잠겨 있단 걸 퍼뜩 알게 해 주었기 때문입니다. 그건 몸서리쳐지는 일이었습니다. 다시는 그렇게 살고 싶지 않을 정도로요.

책은 제게 어떤 일이 일어났는지 그 의미를 명확히 알려 주었고, 앞으로 어떤 일이 일어나게 해야 하는지, 그 일을 위해서 무엇을 해야 하는지도 알려 주었습니다. 그러니 이제 이 리스트의 제목을 바꿔야 할지 모릅니다. '엄마의 의도와 다른 결과를 준 책 리스트'.

저는 오래전에 이탈리아로 여행을 갔는데 그때 바티칸에서 라오콘 상을 보고 입이 떡 벌어질 정도로 충격을 받았습니다. 트로이 전쟁과 라오콘 사제(트로이 목마를 절대 성 안으로 들이지 말라고 했다가 아테네 여신의 분노를 사 여신이 보낸 뱀에 의해 죽는 사제)에 대해서 알고는 있었지만 라오콘이 햇살 아래 버티고 있는 걸 보자 그동안 내가 공부라고 했던 것이 얼마나 한심한 것이었는지 알게 되었습니다. 라오콘은 "내가 진짜 이야기게, 아니게? 알면 세계사 시험을 잘 보게, 못 보게? 날 배경으로 사진을 찍으면 잘 나오게, 아니게?"를 물으려고 거기 서 있는 것이 아니었습니다. 라오콘의 아이들도 라오콘 옆에서 죽어 가고 있었습니다. 한 아이는 이미 죽은 것 같았습니다. 라오콘은 신에 맞선 인간의 고통, 자식을 잃은 아비이자 곧 파멸할 나라의 사제로서의 고통을 적나라하게 보여 주고 있었습니다. 한 인간의 고통이 변해서 돌조각이 된 것입니다. 제임스 조이스가 말하는 에피파니의 순간이 제게도 있었다면 햇살 아래 서 있던 라오콘의 생생한 고통을 보던 바로 그때입니다. 저는 제가 죽어 있는 공부를 해 왔다는 걸 알았습니다. 효도를 하고 실력 있는 사람이란 말을 들으려고요.

저는 그 뒤에 '여행을 위한 책 리스트'를 갖게 되었습니다. 리스트는 두 가지로 구성됩니다. 한 가지 축은 실질적인 정보를 주는 책으로 기차 시간표, 호텔과 식당 정보 같은 것들이 들어 있지요. 또 하나는 도시에 대한 에세이나 역사책 들이었습니다. 빅토르 위고의 유럽 방랑기나 안데르센의 여행기, 마테오 리치나 이븐 바투타의 여행기, 『표해록』, 『해유록』 같은 데서 출발해 결국 작가가 자신의 나라에 대해 쓴 글은 소설까지도 모으게 되었습니다. 미국을 알기 위해 너새니엘 호손과 존 스타인벡과 스콧 피츠제럴드를, 일본을 알기 위해 다자이 오사무나 가와바타 야스나리를, 영국을 알기 위해 찰스 디킨스와 코난 도일과 애거서 크리스티와 조지 오웰을, 파리를 알기 위해 스탕달과 발자크를……. 책을 읽으면서 도시 이름에 동그라미를 쳤습니다. 지금도 『고리오 영감』을 펼쳐 보면 이 부분에 밑줄이 쳐 있는 것을 볼 수 있습니다.

파리는 진짜 큰 대양이다. 그래서 거기에 수심 측정기를 던져 보아도 결코 그 깊이를 잴 수 없다. 이 대양을 답사해서 묘사해 보라. 답사하고 묘사하기 위해서 아무리 애쓰고, 바다 탐험가들의 수가 아무리 많고 큰 관심을 가졌다 하더라도, 처녀지, 알려지지 않은 동굴, 꽃, 진주, 괴물 그리고 잠수부 노릇을 하는 문인들이 잊었던 전대미문의 사건 등을 그곳에서 항상 만날 수 있다. 보케르 부인의 하숙집도 이런 흥미롭고 기괴한 것들 중의 하나이다.

당시 읽었던 책들을 펼쳐 보는 것만으로도 저는 제가 얼마나 여행에 깊이 빠져 있었는지 지금도 느낄 수가 있습니다. 저는 발자크가 표현한 수심 측정기를 던지는 여행을 하고 싶었습니다. 아니 하고 싶었다기보다는 그 방법밖에는 없었습니다. 저는 구제 불능의 길치였으니까요. 모든 길은 제게 미로였습니다. 저는 가끔 회사 앞에서도 길을 잃습니다. 회사 앞에서도 묻습니다. 이제 어디로 가지? 발터 벤야민은 파리가 자신에게 선사한 선물이 길 잃기라고 했는데 그렇다면 길 잃기는 제가 자신에게 선사한 선물이었습니다. 길 잃기는 제가 제일 잘하는 일이었습니다. 길 잃기는 제게 연습이 필요 없는 몇 안 되는 일이었습니다. 그렇기 때문에 제가 할 수 있는 여행은 깊이 내려가거나 올라가는 것뿐이었습니다. 제게 공간은 시간이었습니다. 어떤 장소에 도착하는 법 자체는 애초에 제 관심사가 아니었습니다. 겉보기와 달리 숨겨진 이야기가 제 관심사였습니다. 평범한 일상을 뚫고 나오는 신비로운 이

어떤 책부터 읽으면 좋을까요?

야기들은 저를 설레게 했습니다.

정신의 여행을 즐기기 위해서 제겐 더 많은 관찰과 더 많은 책이 필요했습니다. 이런 책들의 목록은 끝이 없을 것 같았습니다. 그러다 보니 책들을 결국 좀 정리해야만 했습니다. 고민 끝에 저는 실질적인 정보가 있는 책을 버리기로 했습니다. 그거야말로 계속 업데이트되니까요. 저는 영원한 것을 택하기로 결정했습니다.

그때부터 정보보다는 이야기에 끌렸습니다. 지금은 모든 것이 정보로 변하는 세상이지만 저는 자신과 제가 좋아하는 것만큼은 정보로 만들고 싶지 않았습니다. 최고의 여행은 물리적 이동이 아니란 것, 결국은 정신의 여행이란 것, 그 깨달음은 제 여행기에도 영감을 주었습니다. 일상을 뚫고 나오는 이야기에 귀를 기울여 보자는 것이었죠. 보이는 것이 다가 아니었습니다. 제게는 도시도, 사람도 자식들을 삼킨 크로노스처럼 보였습니다. 아직은 아니지만 이제 곧 자식들이 튀어나올 것입니다. 저는 좋은 여행기는 천일야화와 같아야 된다고 생각했습니다. 결국 저는 '천일야화풍의 여행기 리스트'를 스스로 갖게 된 셈입니다.

'여행을 위한 책 리스트'에서 출발한 저의 책 읽기는 '읽었다고 착각했지만 다시 읽어야 할 책 리스트'로 이어졌습니다. '진정한 여자가 되기 위한 책 리스트'를 다시 읽은 뒤에 시작된 것 같습니다. 그 리스트엔 『아라비안 나이트』부터 『안데르센 동화집』,

『톰 소여의 모험』, 『허클베리 핀의 모험』, 『크리스마스 캐럴』, 『올리버 트위스트』, 헤르만 헤세의 책들, 헤밍웨이의 책들, 생텍쥐페리의 책들, 오스카 와일드의 책들, 쥘 베른의 책들이 포함되어 있었습니다.

다시 읽기 경험은 놀라운 것이었습니다. 우린 자기 성찰을 위해 내면을 들여다보란 말을 종종 듣습니다. 그런데 저는 바깥을 보면서 뜻밖에도 저를 알게 된 겁니다. 플라톤의 동굴 속 수인이 밖을 내다보는 것처럼 놀랍고 황홀했고 정신이 하나도 없었습니다. 책은 남을 통해 나를 비추는 거울이었습니다. 저는 제게서 벗어나 책에 홀렸다가, 다시 제게로 돌아왔다가, 다시 책에 홀렸다가, 또 벗어났다가 하기를 몇 번이고 반복했습니다. 매번 조금씩 조금씩 어디론가로 돌아갔습니다. 마치 느린 귀향 같았습니다.

혹시 술에 취해 탑에서 떨어지는 지붕쟁이의 이야기 들어본 적 있으신가요? 그 지붕쟁이는 떨어지면서 탑의 시계가 11시 30분을 가리키고 있다고 말합니다. 소크라테스는 독약이 준비되는 동안에 피리로 음악 한 소절을 연습합니다. 대체 그게 무슨 소용이냐고 누군가 묻자 그는 그래도 죽기 전에 음악 한 소절은 배우지 않겠는가, 라고 대답합니다. 『인간의 대지』에서 길을 잃고 리비아 사막을 헤매는 '나'는 사막 여우에게 "내 작은 여우야, 나는 지금 절망적이란다. 그런데 이상하기도 하지. 절망적인데도 네가 어떤 성격일지 관심이 생기니 말이야……."라고 말합니다. 책을 읽으면서 저는 제가 이런 이야기를 좋아하는 사람이란 걸 알게 되었습니다. 이런 이야기들을 알게 되면서 저도 그렇게 살고 싶어졌습니다.

또 다른 것도 알게 되었습니다. 『인간의 대지』에서 '나'는 길을 잃기 전날 밤새도록 지도를 탐독합니다. 하지만 아무 소용 없는 일이었습니다. 자신의 위치가 어디인지 알지 못했기 때문이지요. 자신의 위치가 어디인지 모르면 지도도 쓸모없는 것이라고 생각하기 마련이지만 '나'는 그럼에도 '종교 시설', '마르지 않는 우물'처럼 인간의 존재를 드러내는 모든 기호들 위로 몸을 숙여 들여다봅니다. 제겐 아마 책 읽기도 비슷할 겁니다. 책이 당장 직접적인 도움은 주지 못할 수 있어도 그래도 인간의 흔적을 들여다보고 거기서 길을 찾으려 하는 것은 충분히 의미 있는 일이다, 라고 생각하게 된 것입니다.

노벨 문학상 수상 작가 르 클레지오의 『아프리카인』에는 이런 장면이 나옵니다. 주인공은 아버지가 찍은 사진 속에서 강과 바다가 섞이는 곳의 풍경을 봅니다. 그는 그곳에서라면 시간의 흐름을 거슬러 "오류와 배반으로 얽힌 실타래"를 풀 수 있을 것 같다고 생각합니다. 여행자들이라면 이 말을 금방 이해할 겁니다. 높은 곳에 올라가서 강물이나 바다를 내려다볼 때, 저것이 어디서부터 온 것인가 먼 곳으로 시선을 돌려 볼 때 평소와는 좀 다른 질문을 던지게 된다는 걸요. 책을 읽을 때 저 역시 책과 세계가 만나는 곳에서 좀 먼 곳을 보며 뭔가 실타래를 풀고 싶어 하는 여행자라고 할 수 있습니다.『아프리카인』에는 자신의 걸음으로 지도를 그리는 의사가 나옵니다. 르 클레지오의 아버지죠. 그 지도에서 거리는 킬로미터로 표시되지 않고 오로지 도보로 걸리는 날과 시간으로만 표시됩니다.

    길이 있어도 목적지까지 얼마나 걸릴지, 제때 닿을 수 있는지는 일단 걸어가 볼 수밖에 없습니다. 길을 아는 것과 길을 걷는 것은 다르다는 것이야말로 영화「매트릭스」에서 네오가 만났던 예언자가 하려던 이야기입니다. 저에게 책은「매트릭스」의 예언자 오라클과 같았지요. 기왕 예언을 할 거면 목적을 이루는 방법과 몇 살 때 어떤 일이 이루어질지 점쟁이들처럼 알려 주면 좋을 텐데 책은 턱으로 쓱 알려 주고는 알아서 가라고 합니다. 책은 점쟁이들의 자상함과 친절함은 배우지 못했습니다. 책이 길을 가리켜도 그 길을 걸어야 하는 것은 저였습니다. 그 길이 어디로 이어질지는 뚜벅뚜벅 걸어가 봐야 알 수가 있었습니다.

◆

    자신의 관심사에서 출발하는 리스트 작성법이 첫 번째라면, 두 번째 작성법이 있습니다. 책 속의 책을 따라가는 방법입니다. 보르헤스의「바벨의 도서관」엔 "'도서관'의 모든 사람들처럼 나는 젊은 시절 여행을 했다."란 말이 나오는데 그건 A에서 지시하는 책을 찾아 B로, B에서 지시하는 책을 찾아 C로 가는 겁니다. 무라카미 하루키의 『1Q84』를 읽은 사람이라면 안톤 체호프의 여행기 『사할린 섬』이 읽고 싶어질지도 모릅니다. 밀란 쿤데라의 『참을 수 없는 존재의 가벼움』을 읽은 사람이라면 테레사가 처음 토마스의 집에 나타날 때 옆구리에 끼고 있던 『안나 카레니나』를 읽고 싶어 할 수도 있습니다. 테레사가 『안나 카레니나』를 들고 나타난 건 우연이 아니었으니까요. 저는 이런 책 속 여행을 즐기는 편입니다.

이를테면 저는 오에 겐자부로의 『개인적인 체험』을 좋아합니다. 주인공 버드의 아내는 아들을 낳습니다. 그런데 이 아이는 두개골 결손으로 뇌 일부가 빠져나온 상태로 태어납니다. 아들을 살리려면 엄청난 수술을 해야 하는데, 살아나도 식물인간이나 장애로 살 확률이 높습니다. 반대로 만약 분유량을 조금만 줄인다면, 이 아이는 자연스럽게 죽을 겁니다. 평생 장애 아이를 돌보게 될지도 모르는 쉽지 않은 상황 앞에서 버드는 고민에 빠집니다. 아들을 죽이긴 쉽고 살리긴 어렵습니다.

저처럼 여행을 좋아해서 아프리카 지도를 사고, 아프리카 여행을 꿈꾸었던 젊은 아빠 버드는 절망합니다. 아들이 살아난다면 그의 계획이나 꿈은 물거품이 될 것입니다. 그는 아들을 죽이는 쪽을 택합니다. 그리고 대학 시절 여자 친구와 아프리카로 몰래 떠나려 합니다. 하지만 어느 순간 묻습니다. "수치스러운 짓들을 무수히 거듭하여 도망치면서 도대체 무엇을 지키려 했던 것일까? 대체 어떤 나 자신을 지켜 내겠다고 시도한 것일까?" 그는 "난 이제 도망치는 건 그만둘래."라고 생각합니다. 그는 아들을 살리려고 빗속에서 택시를 타고 질주합니다. 만약 내가 사고로 죽어서 아들을 살리지 못한다면 지금까지 내 삶은 말짱 무의미한 것이 될 것이다, 라고 생각하면서요.

나중에 『오에 겐자부로, 작가 자신을 말하다』를 읽다 보니 그는 어려서부터 『허클베리 핀의 모험』을 좋아했고 실제로 삶에서 선택해야 할 때마다 허클베리 핀의 이 말을 읊조렸다고 합니다. "좋아, 지옥에는 내가 간다." 저는 이 말이 『개인적인 체험』에 나오는 주인공의 선택에도 영향을 미쳤을 거란 느낌이 듭니다. 저는 곧 또다시 『허클베리 핀의 모험』을 들춰 볼 것입니다. "지옥에는 내가 간다."란 말을 찾아서요.

◆

오에 겐자부로는 『신곡』 또한 좋아합니다. 저는 언제 『신곡』도 읽어야겠다고 쭉 생각하고 있었습니다. 니코스 카잔차키스도 좋아하고, 보르헤스도 좋아하고, 이탈로 칼비노도 좋아하고, 아무튼 위대한 작가들은 다 『신곡』을 좋아합니다. 그런데 미뤄 두던 『신곡』을 실제로 읽게 된 계기는 현실에서 왔습니다. 여기서 세 번째 리스트 작성법이 탄생합니다. 세상에 대한 관심에 따라 책을 찾아 읽는 겁니다.

천안함 사고가 났을 때였습니다. 텔레비전에 유족들이 나오는데 한 어머니만은 눈물을 꾹 참고 울지 않았습니다. 어머니는 왜 울지 않느냐는 질문을 리포터가 던졌던 것 같습니다. 그 어머니는 내가 자꾸 울면 우리 아들이 좋은데 못 간다고 해서, 라고 말하면서 입술을 꾹 깨물며 눈물을 참습니다. 좋은 데는 천국이겠죠. 장례식 때 유족들은 관을 쓰다듬으며 마지막 인사를 보내면서 이렇게 말합니다. 잘 가, 천국에 가. 그곳에서 여기 일은 다 잊어버리고 부디 행복하게 살아. 그곳에서 시름 걱정 없이 살아. 아프지 말고 울지도 말고. 거기서 만나자. 먼저 가 있어.

천국의 소망이 아니면 정말 위로가 안 되는 안타까운 죽음들이 있습니다. 저 역시 장례식을 보면서 눈물을 흘렸습니다. 그러면서도 천국은 어떤 곳일까, 단테는 천국을 어떤 곳이라고 생각했을까 궁금했습니다. 결국 『신곡』을 읽었습니다. 그런데 천국은 우리가 상상하는 그런 곳이 아니었습니다. 천국에 간 사람들은 우릴 잊고 행복하게 사는 것이 아니었습니다. 그 반대로 영원한 기억 속에 있습니다. 천국에 사는 사람들은 우릴 절대로 잊지 못합니다. 우릴 항상 지켜봅니다. 우리가 탄 배가 잘못된 방향으로 가면 애가 타서 말합니다. 합창합니다. "안 돼. 그쪽이 아냐. 뱃머리를 돌려!" 우리가 사랑했던 사람들은 우리가 품었던 천국의 소망

같은 것들이 현실에서도 이루어지길 바랍니다.

이것이 제 리스트 작성법입니다. 관심 있는 주제별로 책 읽기, 책 속 책을 따라 여행하기, 현실에서 궁금한 것을 책에서 찾아보기.

저는 친구들이 리스트를 짤 때 최저가로(!) 도와주기도 합니다. 제가 무척 좋아하는 친구는 '직장에서 고통 받는 사람들을 위한 책 리스트'를 꾸밀 것 같습니다. 물론 그 리스트엔 위대한 카프카도 들어가지요.

카프카가 누구입니까? 글을 쓰고 싶어 하면서도 평생 직장을 다녔고 시간이 없다고 발을 구르며 새벽까지 글을 쓰던 사람. 사랑하는 사람들에게 감사하기는 하지만 그렇다고 그들을 충분히 사랑할 수는 없었던 사람, 그렇지만 그 또한 인간이기에 어딘가에 뿌리를 내려야 한다고 생각하던 사람, 그렇지만 타협할 수는 없었던 사람, 그래서 죄의식을 가졌던 사람. 그는 결국 추방과 심판에 관한 소설을 씁니다. 카프카에게 세계는 버릴 수도 없고 떼어 낼 수도 없고 그렇다고 완전히 사랑할 수도 없는 징글징글한 가족 같은 존재였습니다. 그는 그래서 벌레로 변신해 가족들 틈에서 반은 가족의 손에 의해, 그리고 반은 자발적으로 죽는 소설을 씁니다.

만약 가족이나 세계에 대한 생각이 달랐다면 그는 용가리나 에일리언이 나오는 SF 소설을 썼을지도 모릅니다.

어쨌든 제 친구는 회사에서 자신이 중요한 사람으로 여겨지지 않기를 바라고 있었습니다. 그것은 그녀의 천성이 게으르거나 책임감이 약하거나 대충 사는 걸 선호해서가 아니라 회사가 운영되는 방식에 동의하지 않기 때문입니다. 그녀는 회사를 그만두어야 하나 싫어도 따라야 하나 고민하고 있었습니다. 저는 그녀에게 일하기 싫어하는 직장인을 위한 소설이 한 권 있다고 귀띔해 주었습니다. 『이날을 위한 우산』이란 책입니다.

소설에서 주인공의 직업은 구두 테스터입니다. 소설의 주인공은 제 친구처럼 자신이 이 세상에서 살아가는 방식에 동의하지 않습니다. 그는 누군가 자신에게 이 세상에서 살고 싶으냐고 물어봐 주기를 기다립니다. 그의 인생관은 "난 투쟁해야만 한다. 고로 난 우울해진다."입니다. 그는 늘 딜레마에 빠져 있습니다. 투쟁하면 일거리를 얻지 못할 것이기 때문입니다. 그래서 당장 자리를 박차고 나가고 싶어도 아무 관심도 없는 상사의 말에 귀 기울이는 척합니다. 그는 자신에 대해 "왜 네 머릿속에는 늘 아무짝에도 소용없는 그런 썩어 빠진 생각들만 들어 있는 거니? 왜 넌 매번 오직 너 자신만 감동할 수 있는 생각을 하는 거지?"라고 생각합니다.

그가 벗어나고 싶은 것은 지옥의 형벌이 아니라 하루의 지루함과 기이함이었습니다. 무슨 일을 하냐는 누군가의 질문에 그는 장난처럼, 자신은 기억술과 체험술 연구소를 운영하고 있다고 말합니다. 그 연구소는 "자신의 삶이 하염없이 비만 내리는 날일 뿐이고 자신의 육체는 이런 날을 위한 우산일 뿐이라고 느끼는 그런 사람들"을 위한 곳입니다. 그 연구소가 무슨 일을 하는 곳이냐고 묻는 사람에게 그는 "텔레비전과 휴가, 아우토반 그리고 마트를 벗어나 그들 자신과 직접 관련된 체험을 하도록 도와 줍니다."라고 말합니다. 기억에 관해서 말한다면, 그의 친구들은 모두 어린 시절의 꿈, 이를테면 사진작가나 연극배우가 되고 싶은 꿈을 잊지 못하기 때문에 현재의 삶이 초라하고 만족스럽지 못하다고 느낍니다. 그러나 그가 잊고 싶지 않은 기억은 뭐가 되고 싶었나, 뭐를 갖고 싶었나가 아닙니다. 그것은 바스락거리는 나뭇잎을 밟으며 지나가는 것이 얼마나 기분이 좋았던가 같은 것입니다.

 소설의 마지막 장면은 무척 인상적입니다. 레이저 쇼가 펼쳐지는 화려한 축제가 광장에서 열립니다. 사람들은 인위적인 삶을 실제 삶으로 착각하는지 열심히 즐깁니다. 사람들은 세상에 속해 있다는 느낌을 만들어 내는 데 몰두하지만 주인공은 그들의 즐거움을 함께 나눌 수 없습니다. 그때 광장 맞은편 임대 가옥 4층 발코니에 한 소년이 나타납니다. 소년은 담요로 동굴을 만들고 방석이나 쿠션들을 발코니로 옮깁니다. 그다음에 소년은 그 안에 들어갑니다. 그리고 가끔씩 고개를 내밀어 축제가 열리는 광장을 내려다봅니다. 주인공은 소년에게서 천사의 모습을 봅니다. 다음 날 주인공은 광장에 다시 가 봅니다. 축제의 흔적은 사라졌지만 발코니의 동굴은 그대로 있습니다. 소년은 학교에 갔는지 보이질 않는데 소년의 엄마가 발코니 청소를 하러 나옵니다. 하지만 그녀는 동굴을 치워 버리지 않고 그대로 둡니다.

  축제에 가면 우린 재미있게 놀든지 아니면 재미있게 노는 척합니다. 그리고 다음 날 아무 일 없다는 듯 일상으로 돌아갑니다. 참을 만하다고 여기면서. 그렇지만 정말 중요한 것은 소년의 동굴처럼 내가 숨을 쉬면서 세상을 관찰할 만한 곳이 있느냐, 깊게 더 깊게 숨 쉴 만한 곳이 이 도시에 있느냐, 바로 그것입니다. 그곳은 장소일 수도 있고 한 권의 책일 수도 있습니다. 어쩌면 사람일 수도 있습니다. 너는 나를 숨 쉬게 해. 이것이야말로 인간이 다른 인간에게 해 줄 수 있는 최고의 칭찬 중 하나입니다. 그런 사물, 장소, 관계야말로 좀체 변할 것 같지 않은 이 세상에 난 틈새들입니다. 그 작은 공간에서 세상을 열심히 관찰하면서 다른 삶을 꿈꿀 수만 있다면, 다른 인간과 새로운 세계를 만들 수만 있다면, 우리는 서로 천사의 눈길을 주고 받을 것이고 삶은 점점 더 숨 쉴 만해질 것입니다.

  리스트는 계속 꿈을 꾸게 하고 생각을 하게 합니다. 이런 리스트 덕분에 우린 편견이나 고정 관념에서 빠져나올 수 있습니다. 우리 시대엔 진정성이란 말을 많이 합니다. 하지만 계속 수정되지 않는 진정성은 언제든 남을 공격할 무기가 될 수 있습니다. 소신이란 말도 마찬가지입니다. 우린 우리의 확신도 계속 의심하면서 앞으로 나가야 합니다.

◆

저는 지난해에 놀라운 리스트를 발견했습니다. 부산 동구 수정 아파트 16동 206호에서 발견했습니다.

1970년 7월 그 방에서 병약한 쌍둥이가 태어났습니다. 일란성 쌍둥이 중 동생은 태어난 지 1년 6개월 만에 폐렴으로 죽었습니다. 쌍둥이 중 형은 살아남았습니다. 형은 출생 후 20개월부터 사흘이 멀다 하고 병원을 들락거렸습니다. 1995년 그는 스물다섯 살이 되었고 특수 피 검사를 한 결과 선천적으로 면역력이 약하단 것을 알게 되었습니다. 병명은 면역 글로블린 결핍증. 희귀병이었습니다. 그리고 6년 뒤 2001년 5월 그는 다시 급성 폐렴으로 응급실에 실려 갔습니다. 어느 날 아침 의사의 회진을 기다리던 그는 무심코 자신의 진료 차트를 보고 충격을 받았습니다.

그 차트엔 그의 병이 방사능 때문에 유전적으로 면역 체계가 교란된 결과일 확률이 높다고 씌어 있었습니다. 그의 부친은 1938년 합천읍 금양리에서 태어났습니다. 모친은 1940년 히로시마 가와구치초에서 태어났습니다. 어머니 가족은 1945년 8월 모두 히로시마에 있었습니다. 그렇긴 해도 그는 그때까지 자신이 원폭 피해자일 거란 생각을 하지 못했습니다. 병원에서 퇴원한 그는 원폭과 원폭 피해자 문제를 다룬 자료들을 찾아 읽기 시작했습니다. 밤낮으로 쉬지 않고 수정 아파트의 작은 방 안에서 자료와 책들을 읽기 시작했습니다.

저는 그 방에서 그가 읽었던 책들을 봤습니다. 한수산의 『까마귀』, 김원일의 『히로시마의 불꽃』처럼 원폭 문제를 다룬 소설부터 『한국의 히로시마』, 그리고 핵, 동아시아의 역사와 평화, 전쟁, 면역학 관련 책들이 가득 꽂혀 있었습니다. 한 사람이 자신의 고통을 이해하는 데 세계의 역사와 전쟁과 평화를 다룬 이야기, 의학과 과학 지식이 다 필요했습니다. 그는 스스로 '고통과 정체성의 책 리스트'를 만들었습니다. 그 즈음 그는 이런 글을 남겼습니다.

> 2001년 5월 급성 폐렴으로 다시 병원에 입원하면서 살아왔던 삶과 살아가야 할 삶에 대해 불안한 마음을 떠안으며 제 존재에 대한 의문을 품기 시작하였습니다. '나는 어디에서 왔는가?' '왜 병마의 고통 속에서 내 삶이 발목 잡혀야 하는가?' 등 이루 헤아릴 수 없는 의문을 품으며 제 존재에 대한 의문과 이대로 묻어 두고 살아가기에는 그동안 살아왔던 삶이 억울하고 앞으로 살아가야 할 날들이 불안하여 퇴원 후 제 존재에 대한 의문을 풀어 가기 시작했습니다.
> ─ 전진성, 『삶은 계속되어야 한다』

책을 읽으면서 그는 수도 없이 이런 질문들을 던졌을 것입니다. 내가 병든 몸으로 세상에 태어난 깊은 뜻이 무엇일까? 이 병든 몸으로 세상에서 내가 할 수 있는 일은 무엇인가?

2002년 3월 그는 원폭 2세 문제를 세상에 알립니다. 그 기자 회견은 원폭 2세로서 유전병에 시달리고 있다는 최초의 공개 선언이었습니다. 그리고 3년간 그는 몸을 불사른다는 말 외엔 다른 말이 떠오르지 않을 정도로 원폭 문제를 알리기 위해 동분서주했습니다. 그는 자신의 권리를 위해서도 움직였지만 같은 아픔을 겪는 모든 원폭 피해자를 끌어안으려 했습니다. 자신이 살고 있는 세상에 사는 다른 사람들의 선의를 굳게 믿었습니다. 그는 홍세화의 『나는 빠리의 택시 운전사』를 읽고 똘레랑스란 말을 알게 되었습니다. 그는 동시대를 살고 있는 우리들에게 똘레랑스를 호소했습니다.

원폭 문제를 세상에 알린 지 3년 뒤인 2005년 5월 9일. 그는 피를 토하며 생을 마감했습니다. 그의 이름은 김형률입니다. 김형률 씨가 만들고 싶어했던 특별법은 아직도 국회에 계류 중입니다.

저는 수정 아파트에 들어가서 살아서는 만난 적 없는 남자의 책 리스트를 옮겨 적어 왔습니다. 책 한 권 한 권마다 한 인간의 꿈이 담겨 있었습니다. 이 세상에서 인간답게 살아 보고 싶다는 꿈이었습니다. 그리고 질문이 담겨 있었습니다. 자기 고통에 대한 질문입니다. 2001년 여름 그는 조카들과 함께「이웃집 토토로」를 봅니다. 삶의 전환점을 앞두고 있던 시점에 그는 이런 글을 씁니다.

> 눈을 감고 조용히 귀를 기울이면
> 소란함 속에서도 들리는 침묵과 신비의 소리를 발견하듯
> 순수와 맑음으로 만나진 자연과
> 동심으로 어우러진 사츠키와 메이 그리고 토토로의
> 꾸밈없는 표정 하나하나를 순간 닮아
> 행복해진 내가 그곳에 있었다
> 또한 내가 바라던 삶의 모습, 바로 그것이었다
>
> ―전진성,『삶은 계속되어야 한다』

저는 김형률 씨가 읽었던 책 제목들, 그 '고통과 정체성의 책 리스트'를 가끔 생각하곤 합니다. 그중엔 서경식의『소년의 눈물』처럼 제가 읽었던 책들도 있습니다. 하지만 받아들이는 깊이는 달랐을 것입니다. 저는 김형률 씨를 생각하면서『한국의 히로시마』를 읽었습니다. 그는 자신이 원폭의 숲에 들어가 있다고 말했습니다. 그 숲은 어둡습니다. 어떻게 빠져나가야 할지 모릅니다. 어디서 어떤 바람이 불어 올지도 모릅니다. 하지만 그는 모두의 손을 잡고 어두운 숲을 빠져 나가고 싶어 했습니다. 그는 자신이 원폭 피해자일 수 있다는 것을 처음 알았을 때 병실 밖으로 아버지를 조

용히 불러냈습니다. 아들의 병이 자기 때문이란 생각을 하면서 어머니가 받을 상처를 염려했기 때문입니다. 그는 어머니에게 말했을 겁니다. "어머니 때문이 아니에요."

지금 우리들이 겪는 고통도 많은 경우 사회적 원인을 갖고 있습니다. 우린 그것을 모르기 때문에 서로를, 가장 가까운 사람들을 할퀴기도 합니다. 우리도 김형률 씨처럼 어떤 어두운 숲에 들어가 있겠죠.

저는 '고통과 정체성의 책 리스트'를 떠올리면서 우리가 사는 시대에 대해 생각해 봅니다. 우린 같은 고통을 받으면서 문제 해결은 각자 해야 하는 시대를 살고 있습니다. 이런 세상이라면 자신의 정체성마저 경쟁을 위한 도구, 남보다 돋보이기 위한 도구로 생각하게 됩니다. 남과 힘을 합친다는 생각은 누구라도 하기가 어렵습니다. 그렇지만 김형률 씨는 자신의 고통스러운 정체성을 공론화했습니다. 공론화한 이유는 힘을 합치기 위해서였습니다. 한 사람이 행복하기 위해선 세상이 바뀌어야 한다는 것, 한 사람이 행복하기 위해선 다른 사람의 관심과 선의가 필요하다는 것, 한 사람이 행복하기 위해선 다른 고통 받는 사람들도 같이 행복해져야 한다는 것. 그 생각들은 자기 고통의 정체를 꿰뚫어 본 사람만이 할 수 있는 것이었습니다.

저는 제가 몰랐던 사람이 남긴 한 권의 책을 읽으면서 자기 고통에 대한 질문을 멈추지 않는 것의 중요성을 알았고 그가 가깝게 느껴졌습니다. 그가 자신의 고통을 잊자고 생각한 것이 아니라 잊지 말자고 생각했기 때문에 그가 멀게도 느껴졌습니다. 체념한 게 아니라 체념하지 않았기 때문에, 포기한 게 아니라 포기하지 않았기 때문에 그가 멀게 느껴졌습니다. 그러나 멀게 느껴졌기 때문에 그에게 가까이 가고 싶습니다. 단테의 「천국」을 찾아 읽던 밤이 다시 생각납니다. 단테의 천국에 있는 사람들도 지상에서의 일을 잊지 않고 있습니다. 영원히 기억하고 경험합니다. "뱃머리를 돌려!" 우리가 사랑했던 사람들과 함께 김형률 씨도 입에 손을 대고 크게 외칩니다. "숲에서 나와!"

여덟 번째 질문에 대한 답을, 어두운 숲에서 다 함께 빠져나오기 위해 한 권 한 권 리스트를 만들었던, 고 김형률 씨에게 기댑니다.

마지막, 비밀 질문

이제 드디어 비밀 질문의 코앞까지 왔습니다. 그런데 그 질문에 대답하려면 다른 이야기가 조금 더 필요합니다.

◆

대학에 들어갔을 당시 제 세계관은 어느 면에선 결정론적이었습니다. "인생은 몇 가지 관문을 통과하는 동안 상당 부분 결정이 난다. 그래서 그 결정적인 순간에 이르기까지 열심히 노력하고 게으르지 않게 사는 것이 영리한 행동이다." 지금 생각해 보면 참으로 답답하고 따분한 세계관입니다.

어쨌든 그러다가 한 가지 질문이 생겼습니다. 내 인생이 결정 나는 데 나는 무슨 결정적인 역할을 했지? 저는 부모나 학교가

정해 준 것을 갈등 없이 따르며 살아왔기 때문에, 소위 말하는 '범생'이었기 때문에 이런 혼돈을 느끼는 것이 좀 심란했습니다. 왜 대학에 들어갔는지도 저는 들어가고 나서야 궁금해졌습니다. 맥주 집에서 놀 때도, 도서관 앞 잔디밭에 누워 있을 때도, 미팅을 할 때도 뭔가 중요한 것이 빠져 있다는 느낌이 들었습니다. 영어로 "I miss you." 이것은 "나는 네가 그립다."는 뜻이지만 "내게서 네가 빠져 있다."는 뜻도 됩니다. 정확히 그 감정이었습니다. 나중에 『적과 흑』을 읽다 보니, 스탕달이 인용한 지로데의 말이 나왔습니다. "자기 정열에 몸을 바친다. 그것은 좋다. 그러나 없는 정열에 몸을 바치다니! 오, 가련한 19세기여!" 그런 의미라면 저는 19세기적 권태 속에 살고 있었던 겁니다.

저는 제게 없는 것이 미치도록 그리웠습니다. 제게 없는 것이 무엇인지 모르지만 그것은 틀림없이 제게 가장 중요한 것일 터였습니다. 잠이 오지 않는 밤엔 하숙집에서 나와 어두운 길거리에 우두커니 서 있곤 했습니다. 그럼 반드시 술 취한 학생들이 업혀 가거나 울면서 토하는 것을 볼 수가 있었습니다. 가로등 아래 풍경은 늘 그랬습니다. 희미한 빛 아래 누군가 울고 소리 지르고 있었습니다. 저는 누군가의 울고 있는 등 너머로 번번이 제 모습을 봤습니다. 그리고 그때마다 이런 질문이 드는 것입니다. 이대로 살아도 되는 것인가?

이러다 보니 저는 속으로 스스로를 들들 볶아 댔습니다. 누군가 너는 이게 문제야, 라고 하면 그 말이 반가웠습니다. 타인은 항상 저보다 강해야만 했습니다. 앞으로 어떻게 살아야 하는지 몰랐으므로, 내 힘으로 힘껏 살아 본 적이 없으므로 채찍질을 당하고 싶었던 것입니다. 그런데 나보다 강한 것은 타인만이 아니었습니다. 세상도 나보다 강했습니다. 나보다 강한 세상이 그렇게 정의롭지 못하다는 것을 알게 되었기 때문에 보란 듯이 성공하고 싶은 마음도 싹 사라져 버렸지만 혁명은 철 지난 소리 같았습니다.

저항이 "엄마가 살라는 대로 살진 않겠어요!"라는 개인적인 반항과 어떻게 다른지 몰랐기 때문에, 자유가 술을 마시거나 쇼핑을 하거나 파마나 문신을 할 수 있는 자유와 어떻게 다른지 몰랐기 때문에 저는 어딘가 석연치 않은 방식으로 '자기 연민'이란 출구를 택했습니다. 그러나 이것은 다들 아시겠지만 약해 빠진, 기만적인 자기 보호일 뿐입니다. 자신은 변하지 않으려 하면서 사랑만은 받고 싶어 하는 마음은 그렇게나 초라했던 것입니다.

세월이 많이 흐른 지금 저는 자포자기가 어떻게 내면화되는지 어느 정도 압니다. 저지른 실수는 돌이킬 수 없고 자신의 부족함은 채울 수 없다고 생각할 때, 세상과 자신의 불일치와, 자신의 무능을 비애로만 받아들일 때 우리는 자포자기 쪽에 손을 내미는 겁니다. 좋은 일이든 나쁜 일이든 항상 문제는 '나'에게 있지 다른 무엇에 있다고 생각 못 할 때 (그것이 깨끗한 마음이긴 해도) 우리는 실은 풋내 나는 애송이에 불과합니다.

비밀 질문

당시 저는 지금은 없어진 종로서적에 버스를 타고 혼자서 가곤 했습니다. 종로서적은 계단을 올라가면 층마다 다른 주제의 책들이 배치되어 있었습니다. 층마다 완전히 새로운 세계가 펼쳐지는 겁니다. 계단을 올라가면 또 하나의 세계가 있다는 것, 그것들이 이제 곧 자신만의 시험을 통과해 잊히거나 살아남거나 할 거란 사실이 제 마음을 끌었습니다. 그것들을 만져 볼 수 있다는 것이 너무나 유혹적이었습니다.

동시에 쓸쓸하기도 했습니다. 제가 꼭 서가에 놓여 있는 한 권의 책같이 여겨졌기 때문입니다. 저는 가까운 장래뿐 아니라 먼 훗날에도 제가 아무것도 아닐 거라고 예상하고 있었습니다. 아직은 빈 공간이 많은 책, 아직은 허술한 책. 단지 그뿐이면 좋겠지만 앞으로도 좋은 평가를 받을 수 없는 책이라고 생각하니 자신이 조금 초라하게 느껴졌습니다. 그 책 안에서 뭔가가 아우성을 치고 있긴 했습니다. 서점의 다른 책들도 아우성을 치긴 마찬가지였죠. (그때부터 이미 모든 책은 저에게 팝업북이었습니다.)

저는 꼭 계단에 앉아서 책을 읽었습니다. 다 읽고 나서 다음 층으로 빨리 올라가기 위해서였습니다. 올라가기 위해서 머무름. 올라가기 위해서 잠깐 멈춤. 이것이 제가 종로서적 계단에 앉아서 배운 것들일 겁니다. 아니, 움직이기 위한 잠깐 멈춤이란 말이 더 맞을 것 같습니다. 내려가기 위해서 멈출 때도 있었으니까요. 서점의 계단은 그냥 통로로서의 계단이 아니었습니다. 그 계단을 오를 때 얼마나 많은 생각이 들었던지요? 그 계단을 오르락내리락

거릴 때 마치 눈앞에 급히 해결해야 할 중요할 일들이 잔뜩 쌓여 있는 사람이 된 것 같은 풍요로운 느낌이 들어서 좋았습니다. 제가 누구보다 부지런한 것 같은 기분도 들었습니다. 서점에서 나와 하늘을 올려다보면 이런 생각이 들었습니다. 이 세상은 나와 함께 사라질 것들과 내가 사라져도 남을 것으로 구성되어 있구나. 둘 다 마음이 갔습니다. 나와 함께 사라질 것들엔 애잔함을, 남을 것들엔 부러움과 경외감을 느꼈습니다.

그 계단에 앉아서 움베르토 에코의 『장미의 이름』과 니코스 카잔차키스의 『그리스인 조르바』를 읽었습니다. 『장미의 이름』에 대해선 할 말이 많지만, 어쨌든 그것은 새로운 살인 사건이었기 때문에 놀라웠습니다. 치정이나 돈 때문에만 살인 사건이 일어나는 게 아니었더군요. 책은 사회면 뉴스와는 달랐습니다. 도스토예프스키를 읽을 때도 새로운 죄에 대해서 알게 되었지만 그건 그 후의 일입니다. 그리고 천국이자 지옥인 도서관의 존재를 발견하게 된 것이 『장미의 이름』이 준 기쁨이었던 것 같습니다. 조르바는 단 하나의 질문으로 저를 사로잡았습니다.

먹은 음식으로 뭘 하는가를 가르쳐 주면, 당신이 어떤 사람인지 나는 말해 줄 수 있어요.

다시 말해 "네가 밥을 먹고 무엇을 하는지 말해 달라. 그러면 네가 누구인지 말해 주겠다."는 말입니다. 저는 이 문장에 경외감을 느꼈습니다. 첫인상으로 당신이 누구인지 알겠어요, 란 말이나 하던 시절에 조르바의 이 말을 들으니 저는 하느님이 된 기분이었습니다. 하느님이 되어서 둥실 떠올라서 세상 풍경을 보았을까요? 아니요, 저를 보았습니다. 자신을 저 위에서 한참 내려다보니 저는 인간이라기보다는 소금 기둥이나 로봇에 가까웠습니다. 내가 인간이 아니란 발견은 진리였기 때문에 너무나 단순 명료했기 때문에 기뻤습니다. 아무리 끔찍해도 진리는 반가운 것입니다. 아, 내가 밥을 먹고 하는 일이 없으니까 괴로웠구나! 저는 그 단순함 앞에서 해방감을 느꼈습니다. 나중에 보니 축구를 좋아하는 남미의 저널리스트 에두아르도 갈레아노는 『축구, 그 빛과 그림자』에서 조르바의 이 말을 이렇게 다르게 써먹었더군요.

> 태양이 곧 불타는 축구공이라는 얘기는 의심의 여지가 있지만 세계가 빙글빙글 도는 공 주위를 따라 회전한다는 사실은 명확하다. (중략) 나는 축구를 한다. 고로 존재한다. (중략) 당신이 어떻게 축구를 하는지 내게 말해 주면, 나는 당신이 누구인지를 말해 줄 수 있다.

지금 우리는 "네가 무엇을 가졌는지 말해 달라. 그러면 네가 누구인지 말해 주겠다."의 시대를 사는지도 모르겠습니다. 어쩌면 "내가 누구인지 상관 말고 나 좀 위로해 줘."가 유행인 시대를 산다는 게 더 맞을 듯도 합니다. 그만큼 우리는 불안에 가까워져 있습니다. 불안할수록 우리는 내가 무엇을 하느냐보다 내가 어떻게 느끼냐를 더 자주 말하니까요. 조르바의 질문과는 반대인 셈입니다.

어쨌든 "네가 밥을 먹고 무엇을 하는지 말해 달라."라는 말을 제가 처음 들었을 때는 지금보다 삶의 속도가 좀 느렸습니다. 그래서 저는 그 질문을 당장 뭔가에 쓸모 있는 일을 하라는 말은 아닐 거라고 조금 느긋하게 받아들일 수 있었습니다. 조르바의 그 질문을 받아들이고 나자 저는 전반적으로 좀 유쾌한 기분 속에서 살게 되었습니다. 질문이 단순했기 때문에 영리해야 할 필요가 없었던 것입니다. 그 답변엔 변명의 여지가 없을 터이니 오히려 해방감을 느꼈습니다.

저는 조르바를 자세히 살펴봤습니다. 조르바는 모든 사물을 매일 처음 보듯이 대합니다. 우리에겐 버릇이 된 것들, 예사로 보아 넘기는 것들도 조르바에겐 무서운 수수께끼가 됩니다. "오늘 같은 날 나는 꼬마로 되돌아갑니다. 나는 그리스도처럼 다시 태어납니다. 예수님은 해마다 새로 태어나지 않소? 나도 그렇지!" 조르바는 이렇게 말합니다. 조르바의 세계엔 변신이 있습니다. 조르바가 갈탄을 캐고 있으면 조르바는 갈탄이 됩니다. 조르바가 키스를 하고 있으면 조르바는 키스가 됩니다. 그가 어떤 일을 하고 있으면 그 일은 조르바가 되고 노래가 되고 포도주가 됩니다.

조르바의 세계에선 푸짐한 밥상, 오렌지 꽃향기. 따뜻한 화덕 같은 사소한 육신의 즐거움이 엄청난 정신의 즐거움으로 변합니다. 조르바는 여자, 먹을 것, 마시는 것, 춤추고 노래하는 것에서 결코 관심을 끊은 적이 없습니다. 책 속에서 '나'는 이렇게 말합니다. "주위 세계에 함몰된 그 소박하고 단순한 모습, 모든 것(여자, 빵, 물, 고기, 잠)이 유쾌하게 육화하여 조르바가 된 데 탄복했다."

빵 더하기 물 더하기 포도주 더하기 노동 더하기, 하여간 이런 것을 막 섞었더니 조르바가 나온 겁니다. 저는 또 한 번 깜짝 놀랐습니다. 왜냐하면 화학작용이란 것을 알게 되었기 때문입니다. 밀가루 더하기 베이킹 파우더 더하기 계란을 했더니 케이크가 되는 화학작용 말고 잠 더하기 밥 더하기 일을 했더니 내가 되는 화학작용 말입니다.

거의 비슷하게 밥을 먹고 잠을 자고 뉴스를 읽고 이야기를 나누는데 어떻게 나는 나이고 너는 너인 걸까요? 어떻게 나는 내가 되고 너는 너가 되었을까요? 이것보다 더 신비로운 화학작용은 없는 것 같았습니다. 개구리 뒷다리나 뱀 혀 같은 걸 막 섞어 수프를 끓여서 이상한 것을 만들어 내는 것은 마녀들이나 하는 짓 아닙니까? 『맥베스』에서도 수프를 끓여서 뭔가 만들어 내는 건 음산한 마녀들의 일이지 인간의 일이 아니잖습니까? 저는 인간을 인간으로 만드는 화학작용에 대해서 최초로 알게 된 것입니다. 개구리 눈이나 뱀 혀 같은 것을 넣고 끓인 마녀의 수프보다, 물질이 정신으로 바뀌는 이 화학작용이 백만 배 놀라웠습니다.

"여기서 무엇이 나올지 누가 알 수 있겠어?" 참 놀라운 말 같습니다. 이 질문으로 인간을 바라보면, 인간이 그토록 다양한 삶을 살면서도 내밀하게는 그토록 비슷한 본질을 가지고 있다는 것이 놀랍고, 속으론 그토록 비슷하면서도 삶은 그토록 다르다는 것도 놀랍습니다. "인간은 신의 무한한 변주"란 스피노자의 말마저 어렴풋이 이해할 수 있을 것 같습니다. 인간은 신의 무한한 변주이면서 인간은 서로서로의 무한한 변주인 것입니다.

저는 알게 모르게 조르바 흉내를 내며 살아온 것 같습니다. "두목! 저것 좀 봐요. 돌멩이가 굴러 가네요." 이런 식의 조르바 같은 말투가 저에겐 지금도 남아 있습니다. 저는 저와 조르바가 섞이길 바랐던 것 같습니다. 저와 조르바의 화학작용을 기대했던 겁니다. 그런데 모방도 힘인지라 자꾸 따라 하다 보니 저도 조르바처럼 깜짝깜짝 잘 놀라는 사람이 된 듯합니다. "벚꽃이 떨어져!" "구름이 움직여!" "초승달이 떠 있어!" 암만 생각해도 참 놀라운 일 투성이입니다.

『젊은 예술가의 초상』에 나오는 스티븐도 이카로스처럼 비상하려는 순간에 자기 육신이 정령의 원소와 뒤섞이는 것 같은 기분을 느낍니다. 그는 한 소녀가 개울 가운데 혼자 서서 가만히 바다를 응시하는 것을 봅니다.

> 마술에 걸려 신기하고 아름다운 바다새의 모습으로 변모한 듯한 소녀였다. 아무것도 걸치지 않은 그 길고 가냘픈 다리는 학 다리처럼 연약했고, 한 줄기 녹색 해초가 살갗에 새겨 놓은 징표처럼 붙어 있는 부분을 제외하고는 순결해 보이기만 했다. (중략) 그녀의 얼굴 또한 소녀다웠고 경이로운 인간적 아름다움을 띠고 있었다. 그녀는 혼자 가만히 서서 바다를 응시하고 있었다. 그가 자기 앞에 와서 숭배의 눈빛으로 바라보고 있다는 것을 느끼자 그녀의 눈은 그를 향했고 조용히 그의 응시를 받아들이면서도 부끄러워하거나 경망스러운 기색을 보이지는 않았다. 오랫동안, 실로 오랫동안 그녀는 그의 응시를 받아들이고 있다가 조용히 눈을 떼어 개울물을 내려다보면서 발로 점잖게 물을 이리저리 헤쳤다. 조용하게 출렁이는 희미한 물소리가 처음으로 정적을 깼다. 나지막하고 흐릿하고 속삭이는 듯한 물소리는 잠결에 듣는 종소리처럼 희미했다. 이리저리 이리저리, 물이 출렁이는 소리, 그러자 그녀의 뺨에서는 어렴풋한 불길이 떨리기 시작했다.

바로 이 순간, 그녀의 이미지는 영원히 스티븐의 영혼 속으로 옮겨 갔습니다. 화학작용이자 변신이 일어난 겁니다.

이런 장면을 읽으면서 저는 부러웠습니다. 그리고 저도 모르게 저만의 기도 형식을 발견하게 된 듯합니다. "제가 읽었던 책들도, 그리고 제가 만났던 좋은 사람들의 영혼도 이렇게 제 혈관 어딘가에 흐르게 해 주십시오. 그것들을 지금 당장은 제가 불러내지 못한다고 해도 때가 되면 그것들이 '네, 저 여기 있어요.' 하고 나오게 해 주십시오. 절 혼자 가게 버려두지 마세요." 그래요. 제 기도는 절 혼자 가게 버려두지 마세요, 였던 겁니다.

스페인의 시인 로르카도 『인상과 풍경』에서 비슷한 말을 했습니다. 그는 책이나 사람이 아니라 추억과 풍경에 대해 이런 말을 합니다.

우리 영혼 속에는 지상에 존재하는 것들을 압도하는 무언가가 있다. 대부분의 경우, 그것은 마음 깊은 곳에 잠들어 있다. 그러나 기억의 저편으로 사라진 것들이 다시금 떠올라 마음이 어지러워지면, 그것은 긴 잠에서 깨어나 마음속에 떠돌던 수많은 풍경을 한데 모은 뒤 우리 삶의 일부로 만든다.

저는 언젠가 "너는 내 영혼이 되리. 너는 내 영혼이 되리." 란 표현을 썼는데 그건 말할 것도 없이 로르카에게 배운 것입니다. 저는 그때 로르카와 화학작용 중이었던 겁니다.

비밀 질문

◆

제가 『그리스인 조르바』를 읽고 "네가 밥을 먹고 무엇을 하는지 말해 달라. 그러면 네가 누구인지 말해 주겠다."라는 문장을 학생 수첩에 정성껏 옮겨 적어 놓았다고 해서 그 뒤로 쭉 열심히 책을 읽은 것은 아닙니다. 책을 아예 읽지 않을 때도 있고 읽어도 다 잊었던 때도 있습니다. 헨리 소로는 귀뚜라미 소리에 귀를 기울이는 것만 봐도 그 사람의 정신이 얼마나 건강한지 그 상태를 알 수 있다고 했는데 책 읽기도 마찬가지입니다. 마음이 아주 약해져 있을 땐 귀뚜라미가 합창을 해도 들리지 않고 책의 목소리도 잘 들리지 않습니다.

그래도 나는 뭘 잘하나 뭘 좋아하나 가만히 자신을 관찰해 보니 저는 어디서고 책 이야길 듣는 걸 좋아하는 사람이란 걸 자연스럽게 발견했던 것 같습니다. 지루한 자리에 가서도 누가 최근에 읽은 책 이야기를 하면 귀가 솔깃해졌고 그 자리에 더 있고 싶어 했습니다. 지하철 탈 때도 누가 책을 들고 있으면 어떻게든 제목을 알고 싶어 하는 자신을 발견했습니다. 신문을 읽을 때도 북 섹션을 빼놓지 않고 읽는 자신을 발견했습니다. 라디오 방송 섭외를 할 때도 길이 막히면 서점에 가서 누가 무슨 책을 썼나 봤습니다. 책을 쓴 작가가 방송에 나오면 그 사람이 쓴 책은 다 읽어 보려고 했습니다.

그러다가 갑자기 직업상 필요한 것 이상으로 많이 읽기 시

마지막

작했습니다. 특히 아이러니하게도 포털 검색 사이트가 등장한 뒤로 책을 많이 읽었던 것 같습니다. 검색어 순위에 오른 글을 읽으면 꼭 미끼에 걸린 물고기가 된 것 같아서 그런 것만 읽으며 시간을 보내고 싶지 않았기 때문입니다. 하지만 책을 많이 읽게 된 것보다 더 중요했던 건 책 이야기를 나눌 사람들이 생기기 시작했단 겁니다.

책 이야기를 많이 하다 보니까 이게 내 생각인지 어디서 읽은 건지 헷갈릴 때도 있습니다. 말해 놓고 어머, 이거 책 이야기잖아, 하고 생각할 때도 있습니다. 예를 들면 얼마 전에도 친구에게 이런 말을 했습니다. "이 모든 게 한바탕 꿈이고 요정들의 장난이고, 잠에서 깨면 모든 것이 다 용서되고 원래대로 돌아오면 좋겠지?" (어머, 이건 『한여름밤의 꿈』 이야기잖아!)

책을 읽고 무엇보다 좋았던 건, 앞에서 말한 대로, 나도 모르고 너도 모르고 세계도 모르는 상태에서 벗어나기 시작한 것입니다. 더 이상 책도 세계도 나도 너도 외따로 홀로 존재하지 않게 되었습니다. 책 때문에 세계가 잘 보이고 세계가 내 앞에 있어서 책의 의미를 좀 더 이해할 수 있게 되었습니다. 『일리아스』 이야기는 이미 했지만 그런 책은 수도 없이 많습니다. 책으로만 시사 칼럼을 쓸 수도 있을 정도이니 모든 훌륭한 책들은 영원한 동시에 시의성이 있습니다.

언젠가 『조금 다른 아이들, 조금 다른 이야기』에서 가출 소녀가 쓴 글을 봤는데 소녀의 아빠는 다른 애들 아빠와는 달리 가출했다 돌아와도 야단치지 않고 밥은 먹었니, 잠은 잘 잤니, 하고 묻고 그래도 잠만은 집에서 자라고 한답니다. 소녀는 자기도 꼭 가출을 하려고 해서 한 건 아닌데 집에 돌아오면 문이 닫혀 있기도 하고 그러면 문 열어 달라고 하기도 뭐해서 그냥 돌아서서 친구 집으로 가게 되었다고 합니다.

소녀는 무자비하지도 무정하지도 않습니다. 한 달 정도 가출했다 돌아온 적이 있는데 집에 와서 보니 아빠가 살이 너무 빠지고 초췌해져서 맘이 아팠답니다. 하루는 소녀가 잠을 자는데 옆방에서 무슨 소리가 들렸답니다. 아빠가 우는 소리였습니다. 아빠는 자면서도 울고 있었던 거죠. 그때 소녀는 이렇게 생각했답니다. '내가 아빠를 괴롭히는구나! 난 여기 있으면 안 돼. 집을 나가야겠구나!' 저는 소녀의 글을 읽고 망연자실했습니다. 이 소녀가 내 앞에 있다면 무슨 말을 할 수 있을까 한참 고민해 봤습니다. 소녀의 이야기는 다자이 오사무의 『인간 실격』어떤 부분과 겹칩니다.

『인간 실격』의 주인공인 알코올 중독자 요조는 삼류 잡지사 여기자 시즈코가 딸과 함께 사는 집에 얹혀삽니다. 알코올 중독자인 그는 시즈코의 허리띠랑 속옷을 살그머니 들고 나가 전당포에 맡기고 긴자에서 술을 진탕 마시고 이틀 밤을 연달아 외박합니다. 3일째 되는 날 밤, 그는 집으로 돌아갑니다. 겸연쩍은 마음으로 무의식중에 발소리를 죽이고 시즈코 방 앞에 섰는데 안에서 시즈코와 딸 시게코의 대화 소리가 들립니다.

"왜 술을 마시는 거야?"
"아빠는 말이야. 술이 좋아서 마시는 게 아니에요. 너무 착한 사람이라, 그래서……."
"착한 사람은 술 마시는 거야?"
"꼭 그런 건 아니지만……."
(중략)
정말로 행복한 듯한 시즈코의 낮은 웃음소리가 들려 왔습니다.
문을 조금 열고 들여다보았더니 하얀 새끼 토끼가 보였습니다. 깡충깡충 온 방 안을 뛰어다니는 새끼 토끼를 모녀가 쫓고 있었습니다.
행복한 거야, 이 사람들은. 나 같은 멍청이가 이 두 사람 사이에 끼어들면 이제 곧 두 사람을 망쳐 놓을 거야. 조촐한 행복. 착한 모녀에게 행복을. 아아 만일 하느님께서 나 같은 놈의 기도라고 들어주신다면 한 번만이라도, 평생에 단 한 번만이라도 좋아. 기도하겠어.
저는 거기에 쭈그리고 앉아 합장하고 싶은 마음이었습니다. 저는 살그머니 문을 닫고 다시 긴자로 가서 다시는 그 아파트에 돌아가지 않았습니다.

비밀 질문

이후로 요조는 더더욱 타락합니다. 저는 이 소녀도 요조도 나는 죄인이야, 라는 죄책감을 견디지 못한 게 아닐까 생각합니다. 나는 죄인일 뿐이란 생각은 이토록 위험합니다. 나 같은 놈은 아무렇게나 되어도 좋다, 라는 생각은 이토록 위험합니다. 잘못은 자리를 피한다고 해결되는 게 아니란 말을 어떻게 전할 수가 있을까요. 제 친구도 한때 그런 말을 했습니다. 잘못했으니 난 벌을 받아야 해, 라고요. 그때 저는 말했습니다. "아니, 잘못했으면 해결해야지."

◆

앞에서 말한 대로, 언제부터인가 강연을 가면 사람들이 저한테 뜻밖의 질문을 던집니다. 그건 책에 대한 질문이 아니었습니다. 독서법에 대한 질문이 아니었습니다. 그 질문은 바로 이것입니다. 사람들은 제게 묻습니다.

"그렇게 살아도 돼요?"

그래요. 바로 이 질문입니다. "그렇게 살아도 돼요?"의 "그렇게"가 뭔가요? 아리송하게 들리지 않습니까. 이 질문을 저는 잘 대답하지 못했습니다. 대체 "그렇게"가 뭔지 알아야 말을 하죠. 지금까지 제게 질문을 던진 누구도 "그렇게"가 뭔지 뚜렷하게 설명을 해 주지 않았습니다. 이 질문에서 유일하게 확실한 것이 있다면 그 질문은 독서법에 대한 것이 아니란 점입니다. "살아도 되"냐고 물었으니까요. 삶을 물었으니까요.

그런데 이 질문이 시도 때도 없이 불쑥불쑥 생각나는 겁니다. 외롭지 않냐는 말일까? 현실을 너무 모르고 환상 속에 산다는 말인가? 대체 뭐였을까?

외로움에 대해 말한다면, 저는 그렇게까지 혼자 콕 박혀서 책만 읽지 않습니다. 읽은 걸 많이 이야기하고 많이 써 보고 있을 뿐입니다. 게다가 책은 저에게 정도껏 하는 방법, 한계를 지키는 방법도 알려 주었습니다. 외로움에 관해서라면 차라리 이렇게 말할 수 있습니다.

혹시 사랑의 개방성이란 말 들어 보셨어요? 한 사람(세계)을 사랑하다가 세상 전체를 사랑하게 된다면 세상 전체가 나를 향해 마음의 문을 여는 셈입니다. 사랑을 통할 때 사람들은 가장 열렬히 세계를 탐색할 수 있습니다. 이 세상을 가장 잘 여행하는 방법은 자기 자신 말고 무언가 한 가지를 더 열렬히 사랑하는 것입니다. 그런데 사랑에는 아이러니가 있습니다. 사랑은 그토록 많은 존재들에게 마음의 문을 열게 하면서도 또 세상과 격리시키기도 합니다. 책뿐 아니라 자신이 진짜 좋아하는 것들은 사람을 단순하게 합니다. 주위의 온갖 소음에도 불구하고 제 길을 가는 사람들을 잘 관찰해 보세요. 놀라울 정도로 단순한 데가 있습니다.

현실 감각이 없다는 말에 대해선 이렇게 대답할 수 있습니다. 네루다의 시에서처럼 나는 잘 지내고 있는데 다른 사람들은 어떻게 지내나 한 번 봐야지, 하고 세상 밖으로 눈길을 돌리던 날이 저에게도 있었습니다. 그리고 앞에서 말한 스승들을 이곳저곳에서 뜻하지 않게 만나게 되었습니다. 그 스승들 하나하나가 저에겐 강력한 현실입니다. 스승 하나하나가 제 마음의 고향입니다. 숨 쉴 곳입니다.

책은 그동안 제게 환상에 사로잡히지 않으면서 세상을 직시하라고 가르쳤습니다. 책은 세상이 네 뜻과 달라도 실망에 빠져 있지 말라고 가르쳤습니다.『더 리더』가 좋은 예가 될 것 같습니다.『더 리더』에서 소년은 연상의 여인을 사랑합니다. 소년은 10대 학생이고 여인은 30대 전차 차장입니다. 사랑은 소년이 열린 문틈으로 여인이 스타킹을 신는 걸 훔쳐보면서 시작됩니다. 사랑하는 동안 소년은 행복했습니다. 소년은 연인의 침대에 누워서 그녀에게 책을 읽어 줬습니다. 특히 해 질 녘에 사랑하는 그녀에게 책을 읽어 주는 것을 좋아했습니다. 그런데 어느 날 갑자기 여인이 사라졌습니다. 소년에게 편지 한 통 남기지 않고요. 소년은 자라서 대학생이 되었고 그녀가 재판 받는 걸 봅니다. 그녀는 나치였던 겁니다. 그 과정에서 그녀가 문맹이었던 것 또한 밝혀집니다. 그녀는 문맹이었기 때문에 소년에게 계속 책을 읽어 달라고 했던 겁니다. 그녀는 나치였기 때문에 달아나야 했던 겁니다.

사랑한 연인이 상상했던 모습과는 달랐지만 그는 비웃거나 불쾌하다고 생각하지 않습니다. 그는 환멸이 아니라 연민을 느낍니다. 그 옛날처럼 책을 읽어 테이프에 녹음합니다. 기쁨에 들떠 사랑했던 예전처럼 "다시 한 번 모든 힘과 모든 창의력과 모든 비판적인 상상력을 묶어서" 여인에게 바칩니다. 그 테이프들을 감옥에 있는 그녀에게 보냅니다. 감옥에서 그녀는 테이프를 듣고 글자를 익히기 시작합니다. 소년의 목소리에 맞춰 한 자 한 자 책과 비교해 가면서. 나치였고 문맹이었고, 자기가 나치였던 것보다 문맹인 걸 더 부끄러워했던, 강하지만 무력한 '한나'라는 여인. 그녀가 그에겐 '세계'였을 겁니다.

『더 리더』의 끝에 그녀는 마침내 글을 익혀 편지를 보냅니다. 편지는 "꼬마야, 지난번 이야기는 정말 멋졌어. 고마워. 한나가."라는 한마디 인사였습니다. 그녀는 글을 알게 되었을 때 무슨 생각을 했을까요? 그녀는 읽는 법을 배우자마자 곧장 유대인 강제 수용소에 대한 책들을 읽습니다. 그 뒷이야기는 말하지 않겠습니다. 제가 하고 싶었던 말은 이야기가 슬프게 끝나든 행복하게 끝나든, (내가 사랑했던) '당신'이 누구이든 녹음테이프를 계속 보내는 사람이 있다는 거니까요. 나와 세상은 그렇게 연결됩니다.

저는 책에서 배운 가장 빛나는 것을 사람에게서 볼 때가 있습니다. 책에서 가치가 있는 것들은 인간 세계에 없는 것들이 아닙니다. 하나 마나 한 말인가요? 책도 인간이 썼으니까요. 『닥터 지바고』에는 사람들이 혁명에 참여한 이유를 말하는 장면이 나옵니다. 사람들은 왜 혁명에 참여했을까요? 그건 그동안 천재가 그린 위대한 그림에서나 보고 느꼈던 그런 생명력을, 책이나 그림이 아니라 현실로서 자기도 한 번 경험하기로 결심했기 때문이란 겁니다. 책이나 그림에서나 보던 위대한 것들을 나도 한 번 해 보고 싶었다! 우리도 책을 읽고 그림을 보러 갑니다. 빈센트 반 고흐 전시회, 간송 미술관 전시회는 발 디딜 틈도 없습니다. 사람들은 감탄하고 받아 적고 그림 앞에서 떠나길 싫어합니다. 자발적으로요. 스스로 좋아서요. 그런데 우린 왜 보고 읽고 들어서 얻은 감탄과 자기 삶을 분리시키고 구분하게 되었을까요? 합쳐 볼 수는 없는 걸까요?

카뮈의 스승이었던 장 그르니에의 『섬』을 보면 그는 1934년 특별한 생일을 보냅니다. 장 그르니에는 생일날 자신에게 휴가를 줍니다. 그때의 휴가는 정말로 아무것도 하지 않는, 그러니까 아무 행동도 생각도 말도 오락도 하지 않는 완전한 무(無), 중단된 시간을 말합니다. 장 그르니에는 잠을 자는 것처럼 아무것도 하지 않는 그 시간을 몽롱한 몽상의 시간이라고도 하고 공백의 시간이라고도 말합니다.

그는 생일날 알제의 바다를 보려고 아랍인들 동네 꼭대기로 올라가고 있었습니다. 날씨가 나쁜데도 그는 그냥 걸어갔습니다. 그런데 걷다가 그는 그것이 무를 향한 발걸음이 아닌 걸 알게 되었습니다. 왜냐하면 눈앞에 보이는 장밋빛과 흰빛의 바둑판무늬

같은 아랍인들 마을, 중학교의 직사각형 교사들, 군데군데 쪽빛으로 짙어지는 푸른 바다가 장 그르니에를 저희들의 존재에 참여시켜 준다고 느꼈던 겁니다. "나나 저희들이나 한결같이 아무런 의지할 버팀대도 없지만 서로서로를 지탱해" 주었다고 장 그르니에는 말합니다. 장 그르니에는 그때의 감정을 "존재하지도 않는 것을 존재하게 만드는 절대적 통일을 은밀하게 실감"했다고 말합니다.

> 나는…… 오늘 아무것도 하는 일 없는 공백의 페이지다. 완전히 공백 상태인 오늘만이 아니다. 내 일생 속에는 거의 공백인 수많은 페이지들이 있다. 최고의 사치란 무상으로 주어진 한 삶을 얻어서 그것을 준 이 못지않게 흐드러지게 사용하는 일이며 무한한 값을 지닌 것을 국부적인 이해관계의 대상으로 만들어 놓지 않는 일이다.

그런 생일을 보내고 나서 장 그르니에는 '자신이 사랑하는 것'과 '자신'을 더 이상 구분하지 않게 됩니다. 의지할 데 없는 존재들끼리 서로서로 버팀목이 되어 주는 것을 봤으니까요. 자기 삶을 국부적인 이해관계의 대상으로 만들고 싶지 않았으니까요. 저 역시 지금은 책과 나를 더 이상 구분하고 싶지가 않습니다. 책도 저를 그들의 세계에 끼워 주고 버팀목이 되어 주었습니다. 저도 언제부턴가 보고 생각하고 쓴 대로 살고 싶어져 버렸습니다. 저도 한 번 "그렇게" 살아 보고 싶은 겁니다.

토마스 만의 『토니오 크뢰거』에서 토니오 크뢰거는 한스와 잉에를 아주 많이 사랑했습니다. 그러나 한스와 잉에, 토니오는 다른 세계에 있습니다. 한스와 잉에는 책 따위는 읽지 않아도 되는 "금발의 행복한 생활인"입니다. 토니오는 책을 읽고 글을 씁니다. 한스와 잉에는 설사 토니오가 위대한 작품을 쓴다 해도 그것을 읽지 않을 것입니다. 토니오는 그 금발의 행복한 생활인들의 환심을 사려고 괴로워합니다. 토니오는 한스와 잉에가 행복하게 춤추는 장면을 훔쳐보고 괴로운 동시에 행복감을 느낍니다. 그때도 그의 마음이 살아 있었기 때문입니다. 그는 옷을 벗고 누워서 베개에다 두 이름을 속삭입니다. 한스, 잉에. 그 두 이름은 사랑과 고통과 행복의 본원적인 원천, 즉 삶을 의미했고, 그는 자신의 삶을 돌아보고 후회와 향수 속에서 흐느껴 웁니다. 그는 애인 리자베타에게 한 통의 편지를 씁니다.

내가 지금까지 이룩한 것은 아무것도 아니고 별로 많지 않습니다. 아무것도 하지 않은 것이나 마찬가지입니다. 리자베타, 나는 더 나은 것을 만들어 보겠습니다. 이것은 일종의 약속입니다. 지금 이 글을 쓰고 있는 동안, 바다의 물결 소리가 내게까지 올라옵니다. 그래서 나는 눈을 감습니다. 그러면 아직 태어나지 않은, 그림자처럼 어른거리고 있는 한 세계가 들여다보입니다. 그 세계는 나한테서 질서와 형상을 부여받고 싶어서 안달입니다. 또한 나는 인간의 형상을 하고 있는 허깨비들이 우글거리고 있는 풍경을 바라보게 됩니다. 그들은 부디 마법을 걸어 자기들을 풀어 달라고 나에게 손짓하고 있습니다. 비극적인 허깨비들과 우스꽝스러운 허깨비들, 그리고 비극적인 동시에 우스꽝스러운 허깨비들인데, 나는 이것들에게 큰 애정을 갖고 있습니다. 그러나 마음속 아주 깊은 곳에 있는 아무도 모르는 나 혼자만의 사랑은 금발과 파란 눈을 하고 있는 사람들, 생동하는 밝은 사람들, 행복하고 사랑스럽고 일상적인 사람들에게 바쳐진 것입니다.

리자베타, 이 사랑을 욕하지 마십시오. 그것은 선량하고 생산적인 사랑이랍니다. 동경이 그 속에 들어 있습니다. 그리고 또 우울한 질투와 아주 조금의 경멸과 완전하고도 순결한 천상적 행복감이 그 속에 들어 있습니다.

제가 앞에서 세상은 우리가 사랑하지만 경멸도 하는 연인 같은 존재라고 했을 때부터 사실 저는 이 이야기를 염두에 뒀습니다. 여러분들에게 꼭 한 번 들려 드리고 싶었습니다. 동경, 우울, 경멸, 순결. 우리의 사랑 안에는 이런 게 다 들어 있습니다. 우리의 가슴 안에는 심장과 함께 이런 게 들어 있습니다. 그것들은 저 안쪽 가슴 깊이 숨겨져 있습니다. 우리의 사랑이 생산적일 수 있다면 우리의 동경, 우울, 경멸, 순결이 서로 어렵게 균형을 이루고 있을 때일 겁니다.

비밀 질문

우리에겐 사랑이 있어도 애써 봤자 세상은 그대로라는 체념도 있습니다. 누가 알아 줄까라는 생각도 있습니다. 과연 될까, 라는 생각도 있습니다. 그렇지만 가장 콤플렉스가 강한 인간은 주어진 것이 변하지 않는다고 믿는 사람들 중에 있습니다. 가장 냉소적인 사람은 인간의 힘에 대해 알지 못하거나 믿지 못하는 사람들 중에 있습니다. (그리고 우리가 냉소적인 인간이 된 것은 냉소적인 인간을 낳는 사회 속에 살고 있기 때문입니다.) 책은 지루하다고 하는 사람들이 있습니다. 책은 정말 지루한 부분이 많습니다. 그렇지만 삶 자체가 지루한 사람도 존재합니다. 지루하단 말을 가장 많이 하는 사람은 성공이나 이익 말고는 추구할 게 없다고 생각하는 사람들 중에 있습니다.

끝까지 잊지 말아야 할 건 우리에겐 선택권이 있다는 점입니다. 이탈로 칼비노의 『보이지 않는 도시들』에서 쿠빌라이 칸은 여행자 마르코 폴로와 도시들에 대한 이야기를 나눕니다. 칸은 폴로에게 유토피아, 태양의 땅 같은 약속의 땅에 대해 묻습니다. 폴로는 그러한 항구들로 가는 길을 지도 위에 그릴 수 없다고 대답합니다. 그러자 칸은 최후의 상륙지가 야후의 나라, 바빌로니아 같은 지옥의 도시들일 수밖에 없다면 우리의 여행이란 부질없는 게 아니냐고 말합니다. 여기서 폴로는 이렇게 대답합니다.

살아 있는 사람들의 지옥은 미래의 어떤 것이 아니라 이미 이곳에 있는 것입니다. 우리는 날마다 지옥에서 살고 있고 함께 지옥을 만들어 가고 있습니다. 지옥을 벗어날 수 있는 방법은 두 가지입니다. 첫 번째 방법은 많은 사람들이 쉽게 할 수 있습니다. 그것은 바로, 지옥을 받아들이고 그 지옥이 더 이상 보이지 않을 정도로 그것의 일부분이 되는 것입니다. 두 번째 방법은 위험하고 주의를 기울이며 계속 배워 나가야 하는 것입니다. 그것은 즉 지옥의 한가운데서 지옥 속에 살지 않는 사람과 지옥이 아닌 것을 찾아내려 하고 그것을 구별해 내어 지속시키고 그것들에게 공간을 부여하는 것입니다.

우리 앞길에도 두 가지 선택이 있습니다. 쉬운 길과 어려운 길입니다. 쉬운 길은 다수가 택하는 것을 다수가 택한다는 이유만으로 택해 그 사회의 일부가 되는 겁니다. 나중엔 그것이 지옥 같은 것이란 것도 알아채지 못하게 되지만 그래도 그것은 선택하기 훨씬 쉽습니다. 어려운 길은 지옥 같은 세상에 살면서도 마치 지옥이 아닌 것처럼 살고 있는 사람을 찾아내 그 사람들이 살도록 자리를 넓혀 주는 것입니다. 그것이 어려운 것은 그런 사람이 드물어서가 아닙니다. 분명히 주위에 있습니다. 그것이 어려운 것은 그걸 지키기 위해선 나도 지옥과 싸워야만 하기 때문입니다.

아마 이것이 "그렇게 살아도 돼요?"란 질문에 대한 저의 답변일 겁니다. 아직 부족하다고요? 그렇다면 너무나 다행스럽게도 마지막 질문에 대해서도 제겐 함께 답을 구할 수 있는 스승이 있습니다. 그의 이야기를 들려 드리겠습니다.

◆

지난해 저는 경기도 소재 한 도서관에 강연을 갔습니다. 강연은 정말 즐거웠습니다. 50~60대 주부가 대다수였습니다. 토요일 아침 곱게 화장을 하고 일찍 나와서 고전 문학 강연을 듣는 주부들과 같이 있으니 얼떨떨하기도 하고 소풍 나온 것 같기도 했습니다. 강연을 마치고 한 기사 아저씨와 김치찌개를 먹었습니다. 그런데 그분이 대뜸 제게 이렇게 묻는 것입니다.

"그런데 강사님, 역사책은 왜 읽는다고 생각하십니까?"

"그게 말이죠. 역사책를 읽다 보면……." (우물쭈물)

"저는 역사책은 부끄러워지기 위해서 읽는다고 생각합니다. 인간은 자신이 한 일을 두려워할 줄도 알고 부끄러워할 줄도 알아야 한다고 생각해요. 저는 끔찍해서 역사책을 못 읽을 때도 많아요. 그런데 끔찍한 것도 다 인간이 저지른 거잖아요. 우린 자신이 할 수도 있는 일을 보고 있는 거죠. 우린 또 그런 짓을 저지르지 않아야 하기 때문에 읽는 겁니다."

"지당하신 말씀입니다."

"그럼 책을 왜 읽는다고 생각하십니까?"

"그거야…… 책을 읽는 이유는……." (우물쭈물)

그는 도서관에서 운영하는 이동 도서관 버스 기사입니다. 아파트 노인정 앞에 버스를 주차해 놓고 사람들이 책을 빌리러 오길 기다리면서 그는 한없이 긴 시간에 한없이 긴 장편소설들부터 읽기 시작했습니다. 그러다가 그는 도서관 직원 중에서 책을 가장 많이 읽는 사람이 되었습니다. 그는 운전만 하지 않고 이 책 저 책 추천도 하게 되었습니다. 그런데 그가 가만히 관찰해 보니 책을 한꺼번에 한 보따리씩 빌려 가는 사람도 있고 책이 잔뜩 있는데도 읽을 게 없다고 불평을 하는 사람도 있습니다. 그래서 하루는 이런 이야기를 했답니다.

"제 말 좀 들어 보세요. 지금 빌려 가시는 책은 일주일 동안 식음을 전폐하고 24시간 내내 읽어야 읽을 수 있을까 말까 한 분량입니다. 책을 좀 천천히 읽으세요. 제가 이렇게 말하는 데는 이유가 있어요. 제가 어찌어찌해서 룸살롱에 간 적이 있습니다. 아가씨가 들어오는데 제 딸 또래 아이가 들어옵니다. 처음엔 흠칫 놀랍니다. '야, 내가 짐승도 아니고 어떻게 이런 어린 아가씨랑 술을 마시냐?' 그런데 다음번엔 좀 더 가까이 앉습니다. 그다음 번에는 손도 잡고 어깨도 끌어안습니다. 조금씩 조금씩 허용하면서 결국은 자기가 해선 안 된다고 생각해 왔던 일을 하게 되는 겁니다. 인간은 그런 존재예요. 인간은 마음이 굳센 존재가 아니에요. 아는 대로 사는 것도, 배운 대로 사는 것도, 룸살롱에서 여자 만지지 않기만큼 어려운 것입니다. 아마 더 어려울 겁니다. 몰라서 잘못을 저지르는 게 아니에요. 인간사가 어렵다지만 제일 어려운 것은 배운 대로 살기입니다. 알게 된 걸 지키며 사는 겁니다. 당신은 책을 읽고 무엇을 하십니까? 저는 책을 읽고 알게 된 대로 살고 싶습니다. 당신이 책을 읽고 무엇을 하는지 말해 주십시오. 그럼 다시 책을 권해 드리지요. 책을 다 읽고 다음번에 빌리러 올 때까지 잘 생각해 보세요."

"당신이 책을 읽고 무엇을 하는지 말해 주십시오." 이 말은 제게 프루스트의 마들렌 같았습니다. 아저씨의 이야기를 듣는 동안 저는 종로서적 계단에 앉아 있던 제 모습이 떠올랐습니다. 『그리스인 조르바』를 읽던 시절이 떠올랐습니다. "먹은 음식으로 뭘 하는가를 가르쳐 주면, 당신이 어떤 사람인지 나는 말해 줄 수 있어요. (중략) 나는 내가 먹는 걸 일과 좋은 유머에 쓴답니다." 『그리스인 조르바』의 이 글귀가 초록색으로 떠올랐습니다. 아주 빛나는 모습으로요. 저는 가슴 한쪽이 아련하게 뭔가가 그리웠습니다. 그리움 속에서 뭔가가 반복되고 있었습니다. "네가 밥을 먹고 무엇을 하는지 말해 달라. 그러면 네가 누구인지 말해 주겠다."를 옮겨 적은 지 20여 년 만에 "네가 책을 읽고 무엇을 하는지 말해 달라. 그러면 네가 누구인지 말해 주겠다."를 다시 옮겨 적고 있는 겁니다. 조르바가 한 말의 의미가 비로소 선명해졌습니다.

당신은 나를 그 잘난 머리로 이해합니다. 당신은 이렇게 말할 겁니다. '이건 옳고 저건 그르다. 이건 진실이고 저건 아니다. 그 사람

마지막

은 옳고 딴 놈은 틀렸다…….' 그래서 어떻게 된다는 겁니까? 당신이 그런 말을 할 때마다 나는 당신 팔과 가슴을 봅니다. 팔과 가슴이 무슨 짓을 하고 있는지 아십니까? 침묵한다 이겁니다. 한마디도 하지 않아요. 흡사 피 한 방울 흐르지 않는 것 같다 이겁니다. 그래, 무엇으로 이해한다는 건가요, 머리로? 웃기지 맙시다!

이 말이 마치 노래의 후렴구처럼 반복되면서 선명해졌습니다. 내가 한 일, 하지 않으려 했던 일이 선명해졌습니다. 그리고 이 말은 이제 노래의 후렴구처럼 별처럼 앞서서 저를 이끌어 갑니다.

저는 반복에 대해 생각해 봅니다. 책은 저에게 수많은 다양한 반복에 대해서도 알려 줬습니다. 반복하면서 전진하는 게 있고 반복하면서 퇴행하는 게 있다는 걸 알려 줬습니다. 반복되어야 겨우 알 수 있는 것이 있다는 것도 알려 줬습니다. 반복을 결코 두려워하지 않는 인간들이 있다는 것도 알려 줬습니다. "몇 번이고 다가와라. 다 환영할 테니!"라고 외치는 인간들이 있다는 것도 알려 줬습니다.

방송도 제게 반복에 대해 알려 줬습니다. 사람들은 변화를 원하면서도 매일 똑같은 음악을 신청합니다. 사람들은 오랫동안 자신이 좋아하던 노래들을 다시 듣고 싶어 합니다. 이상하지 않습니까? 진짜 변화를 원한다면 계속 새로운 곡만 신청해야 하는 것 아닌가요? 사람들은 각자 비슷한 모티프, 비슷한 정서, 비슷한 음

률의 음악을 반복해서 즐깁니다. 이미 우리 안에 있는 것이기 때문입니다. 인간은 자기의 고유한 리듬을 가지고 있습니다. 그 리듬 안에는 언제나 우리를 사로잡는 그리움, 후회, 애닮음, 소원이 다 담겨 있습니다. 그 리듬을 다른 리듬과 조화시키면서 보다 큰 화음 속에 들어가는 일이 우리에게 남아 있을 뿐입니다. 마치 파도 소리를 들으면서 그 파도 소리 속에 자기 마음을 실어 보내듯이요. 마치 새소리를 들으면서 새소리에 자기 마음을 실어 보내듯이요.

이렇게 반복되는 것은 우리에게 일상이 있기 때문입니다. 우리는 반복되는 일상을 살면서 어딘가로 옮겨 갑니다. 반복하면서 새롭게 바뀝니다. 한 스텝, 다시 한 스텝, 또다시 한 스텝. 춤추듯이. 우린 반복되는 삶 속에서, 자주 던지는 질문 속에서 오로지 그 질문 안에서만, 그 누구와도 바꿀 수 없는 대체 불가능하고 고유한 자기 자신을 만들어 갈 수 있습니다. 그것은 『안나 카레니나』의 맨 마지막 장에서 레빈이 깨달은 것과 비슷합니다. 레빈은 깨달음을 얻은 후 생각합니다.

> 난 여전히 마부 이반에게 화를 내겠지. 여전히 논쟁을 벌이고, 여전히 내 생각을 부적절하게 표현할 거야. 나의 지성소와 다른 사람들 사이에는, 심지어 아내와의 사이에도 여전히 벽이 존재할 거야. 난 여전히 나의 두려움 때문에 아내를 비난하고 그것을 후회하겠지. 나의 이성으로는 내가 왜 기도를 하는지 깨닫지 못할 테고, 그

러면서도 난 여전히 기도를 할 거야. 하지만 나에게 일어날 수 있는 그 모든 일에 상관없이, 이제 나의 삶은, 나의 모든 삶은, 삶의 매 순간은 이전처럼 무의미하지 않을 뿐 아니라 선의 명백한 의미를 지니고 있어. 나에게는 그것을 삶의 매 순간 속에 불어넣을 힘이 있어!

그런데 레빈이 이런 깨달음을 얻는 것은 저처럼 스승이 있었기 때문입니다. 스승은 영혼을 가진 농부였습니다. 그는 선의 가능성을 본 것입니다.

삶에서 가장 중요한 것들은 질문에서 시작되어 질문으로 끝납니다. 그러나 뒤의 질문은 앞의 질문과 다릅니다. 책 읽기는 수많은 우회로를 거친 느린 귀향입니다. 새로운 자기 자신에게 돌아가고, 몰랐던 자기 자신에게 돌아가고, 달라진 자기 자신에게 돌아갑니다. 고향에 가면 밀란 쿤데라가 『농담』 맨 마지막 장에서 말한 것을 이해하게 될지도 모릅니다.

내가 이 세계를 사랑할 수 있었던 것은, 오늘 아침, (뜻밖에도) 이 세계를 초라한 모습으로 다시 만났기 때문이다. 그렇게 초라한 모습으로, 그리고 무엇보다 아주 쓸쓸한 모습으로.

그렇게 생각하는 주인공의 귀에 옛 친구가 부르는 모라비아의 노래 한 곡이 들립니다. "산들이 종이로 되어 있다면, 물이 잉크로 변한다면, 별들이 서기가 된다면, 드넓은 이 세상 전체가 그 이야기를 쓰고 싶어 한다면, 결국은 이르지 못하리, 내 사랑의 유언으로."

거기에서는 "슬픔이 가볍지 않고, 웃음이 비웃음이 아니고, 사랑이 우습지 않으며, 증오심이 맥없지 않고" "그러니까 사랑이 사랑으로, 고통이 고통으로 머물고, 아직 가치들은 유린되지 않"을 것입니다. 이것이 쿤데라의 귀향이고 어쩌면 우리의 귀향일 것입니다.

◆

누구는 책을 읽고 자신을 합리화하는 데 쓰고
누구는 책을 읽고 남을 무시하거나 공격하는 데 쓰고
누구는 책을 읽고 사기 치는 데 쓰고
누구는 책을 읽고 외로움을 달래고 슬픔을 극복하고
누구는 책을 읽고 우정을 쌓고
누구는 책을 읽고 세상에 대해 배우고
누구는 책을 읽고 힘을 얻어 자기를 뛰어넘고.

저는 무엇을 할까요? 여러분은 무얼 하세요?

우리는 한 인간에 불과하지만 그래도 책을 읽고 한 인간으로서 우리가 할 수 있는 일은 너무나 많습니다. 저 역시 제가 한 점 먼지에 불과하더라도 세계의 한 부분이 될 맘이 생겼습니다. 지금 이 순간 인간에 대해 알게 된 말들이 떠오릅니다.

사르트르는 말했습니다. 인간은 아무리 애를 써도 "자기 자신이란 고질병"에서 벗어날 수 없지만 동시에 인간은 "누구나 인간의 대표자"라고.

『소로의 일기』에서 소로는 말했습니다. "내 안에 무언가를 사랑하려는 정신은 분명히 있다. (중략) 어떤 경우에든 나를 지켜주는 근거는 바로 사랑이다. (중략) 이에 근거해서 나를 만나라. 그러면 나도 강한 사람임을 알게 될 것이다. 남이 나를 비난하거나 내가 나 자신을 완전히 부정하는 순간마다 나는 지체없이 다음과 같이 생각한다. '하지만 무언가를 사랑하는 나의 정신에 의지하자.'"

앙드레 브르통의 『나자』의 아름다운 문장도 떠오릅니다.

"나는 누구인가?" 예외적으로 이번에만 격언을 끌어들여 말하자면, 사실상 이런 질문은 모두 왜 내가 어떤 영혼에 '사로잡혀 있는가'를 아는 것으로 귀착되는 문제가 아닐까? (중략) 내가 알고 있는 나의 여러 가지 취향, 내가 어떤 대상에 대해서 느끼는 친근성, 내가 빠져 드는 매력, 나에게 발생하는 사건들, 오직 나에게만 발생하는 사건들을 넘어서, 또 내가 실천한 수많은 행동, 나만이 체험하게 된 감정들을 넘어서, 다른 사람들과 비교했을 때 나의 차별성이 무엇이고, 그 원인이 어디에 있는 것인지를 알아내기 위해 나는 부단히 노력하겠다. 내가 이 차별성을 인식하는 정도가 얼마나 분명하냐에 따라서 내가 다른 사람들과 달리 무엇을 하려고 이 세상에 태어났으며 세계의 운명에 대해 나만이 책임질 수 있는 유일한 메시지가 무엇인가의 문제가 밝혀질 수 있지 않을까?

빈센트 반 고흐는 말했습니다. "청춘은 반드시 돌아온다. 자기가 낳은 것 속에서."

저는 왜 사람들이 "'그렇게' 살아도 돼요?"라고 물었는지 이제 이해합니다. "그렇게"라고 애매하게 표현할 수밖에 없었던 겁니다. "그렇게"는 저마다의 가슴속에 있었던 겁니다. 책은 우리가 살고 있는 삶 말고, '살아야 하는 삶', 즉 인간이라면 꿈꾸는 존재라면 "그렇게" 한 번 살아 봐야 하는 삶에 대해 자꾸만 말하게 합니다. 그 말로 우리를 채우게 합니다. 그것이 "그렇게"였습니다.

"당신이 책을 읽고 무엇을 하는지 말해 주십시오."

이것이 "'그렇게' 살아도 돼요?"에 대한 대답입니다. 그런데 이번엔 도서관 버스 기사 아저씨뿐만 아니라 여러분과 저 모두가 답입니다.

◆

이제 제 이야기는 다 끝났습니다.

이렇게 이야기를 하고 나면 이야기한 책들과 제게 이야기를 들려준 사람들이 다 그립습니다. 제가 더 잘 이야기할 수 있었는데 하지 못한 것들이 계속 생각나니까요. 처음부터 다시 하고 싶기도 합니다. 사실 이 글은 한 달하고도 2주일 동안 매일 밤 쓴 겁니다. 자주 생각해서 쉽게 썼습니다, 라고 우아하게 말하고 싶지만 사실은 너무 힘들었습니다. 손가락이 후들거려서 굴비를 못 발라 먹을 정도가 되었습니다. 『호밀밭의 파수꾼』에 나오는 홀든의 말로 인사를 대신합니다. 그 책의 마지막 장면은 이렇습니다.

난 이 이야기를 많은 사람들에게 한 걸 후회하고 있다. 내가 알고 있는 건, 이 이야기에서 언급했던 사람들이 보고 싶다는 것뿐. 이를테면 스트라드레이터나 애클리 같은 녀석들까지도, 모리스 자식도 그립다. 정말 웃긴 일이다. 누구에게든 아무 말도 하지 마라. 말을 하게 되면, 모든 사람들이 그리워지기 시작하니까.

스트라드레이터는 자동차 앞좌석에 누가 있건 뒷좌석에서 여자랑 갈 데까지 갈 수 있는 뻔뻔하고 아주 음란한 놈이고, 애클리는 홀든과 함께 사는 동안 단 한 번도 이를 닦지 않은 진짜 지저분한 놈이고, 모리스는 홀든에게 창녀를 소개하고 돈을 뜯어 간, 뚱뚱한 배에 털이 잔뜩 난 엘리베이터 보이인데, 그런데도 홀든에게는 다 그립습니다. 저는 대체로 점잖은 책의 고운 부분만 말했지만 사실 책엔 별의별 장면이 다 나옵니다. (사실 그것도 책을 읽는 큰 이유지요.) 어쨌든 모두 다 그립습니다.

책 이야기를 잔뜩 했더니 인간이 너무나 그립습니다. 이제 '책에게서 인간에게'로 돌아갑니다. 그런데 책 이야기를 했는데 왜 이토록 사람들이 그리운 걸까요! 혹시 책은 핑계고 우린 사랑 이야기를, 사는 이야기를 했던 것 아닐까요?

마지막

책 속의 책들

프롤로그

비카스 스와루프, 강주헌 옮김, 『슬럼독 밀리어네어』(문학동네, 2009).

밀란 쿤데라, 이재룡 옮김, 『참을 수 없는 존재의 가벼움』(민음사, 2011).

호르헤 루이스 보르헤스, 송병선 옮김, 「바벨의 도서관」, 『픽션들』(민음사, 2011).

제롬 데이비드 샐린저, 공경희 옮김, 『호밀밭의 파수꾼』(민음사, 2001).

폴 오스터, 황보석 옮김, 『브루클린 풍자극』(열린책들, 2005).

랠프 엘리슨, 조영환 옮김, 『보이지 않는 인간』 1~2권(민음사, 2008).

사라 에밀리 미아노, 권경희 옮김, 『눈에 대한 백과사전』(랜덤하우스코리아, 2010).

첫 번째 질문
먹고살기도 바쁜데 언제 책을 읽나요?

기 드 모파상, 송덕호 옮김, 『벨아미』(민음사, 2009).

스탕달, 이동렬 옮김, 『적과 흑』 1~2권(민음사, 2004).

토마스 베른하르트, 김현성 옮김, 「야우레크」, 『모자』(문학과지성사, 2009).

후지와라 신야, 강병혁 옮김, 『돌아보면 언제나 네가 있었다』(푸른숲, 2011).

세사르 바예호, 고혜선 옮김, 「"인간은 슬퍼하고 기침하는 존재……"」, 『희망에 대해 말씀드리지요』(문학과지성사, 1998).

두 번째 질문
책 읽는 능력이 없는데 어떡하나요?

장자크 루소, 김중현 옮김, 『인간 불평등 기원론』(펭귄클래식코리아, 2010).

존 버거, 이은경·임옥희 옮김, 『랑데부』(동문선, 2002).

자크 랑시에르, 양창렬 옮김, 『무지한 스승』(궁리, 2008).

세 번째 질문
삶이 불안한데도 책을 읽어야 하나요?

마르그리트 뒤라스, 김인환 옮김, 『연인』(민음사, 2007).

칼 세이건, 홍승수 옮김, 『코스모스』(사이언스북스, 2006).

포도르 도스토예프스키, 김연경 옮김, 『카라마조프 가의 형제들』 1~3권(민음사, 2007).

조지 오웰, 정회성 옮김, 『1984』(민음사, 2003).

장폴 사르트르, 정명환 옮김, 『말』(민음사, 2008).

오에 겐자부로, 서은혜 옮김, 『우울한 얼굴의 아이』(청어람미디어, 2007).

미야베 미유키, 이영미 옮김, 『화차』(문학동네, 2012).

네 번째 질문
책이 정말 위로가 될까요?

리카르도 피글리아, 엄지영 옮김, 『인공호흡』(문학동네, 2010).

라이너 마리아 릴케, 홍순철 옮김, 『젊은 시인에게 보내는 편지』(북프렌즈, 2005).

오스카 와일드, 임헌영 옮김, 『옥중기』(범우사, 2004).

윌리엄 셰익스피어, 최종철 옮김, 『로미오와 줄리엣』(민음사, 2008).

레프 톨스토이, 박은정 옮김, 『이반 일리치의 죽음』(펭귄클래식코리아, 2009).

조르주 페렉, 김명숙 옮김, 『사물들』(펭귄클래식코리아, 2011).

필립 로스, 박범수 옮김, 『휴먼 스테인』 1~2권(문학동네, 2009).

김홍근, 『보르헤스 문학 전기』(솔, 2005).

파트릭 모디아노, 김화영 옮김, 『어두운 상점들의 거리』(문학동네, 2010).

프리모 레비, 이현경 옮김, 『이것이 인간인가』(돌베개, 2007).

다섯 번째 질문
책이 쓸모가 있나요?

페터 한트케, 윤용호 옮김, 『페널티킥 앞에 선 골키퍼의 불안』(민음사, 2009).

댄 하인드, 노시내 옮김, 『대중이 돌아온다』(마티, 2012).

에이드리언 리치, 한지희 옮김, 『문턱 너머 저편』(문학과지성사, 2011).

오스카 와일드, 김진석 옮김, 『도리언 그레이의 초상』(펭귄클래식코리아, 2008).

프리드리히 니체, 장희창 옮김, 『차라투스트라는 이렇게 말했다』(민음사, 2004).

알베르 카뮈, 김화영 옮김, 『스웨덴 연설·문학 비평』(책세상, 2007).

니코스 카잔차키스, 안정효 옮김, 『영혼의 자서전』(열린책들, 2009).

알베르토 망구엘, 강수정 옮김, 『독서일기』(생각의나무, 2006).

파스칼 키냐르, 송의경 옮김, 『떠도는 그림자들』(문학과지성사, 2003).

여섯 번째 질문
책의 진짜 쓸모는 뭐죠?

에두아르도 갈레아노, 김현균 옮김, 『시간의 목소리』(후마니타스, 2011).

토머스 하디, 정종화 옮김, 『이름 없는 주드』 1~2권(민음사, 2007).

롤랑 바르트, 김희영 옮김, 『텍스트의 즐거움』(동문선, 1997).

파스칼 키냐르, 송의경 옮김, 『은밀한 생』(문학과지성사, 2001).

스티븐 킹, 이경덕 옮김, 『리타 헤이워드와 쇼생크 탈출』(황금가지, 2010).

케네스 레이너드·에릭 L. 샌트너·슬라보예 지젝, 정혁현 옮김, 『이웃』(도서출판b, 2010).

파스칼 키냐르, 송의경 옮김, 『옛날에 대하여』(문학과지성사, 2010).

라이너 마리아 릴케, 안상원 옮김, 『릴케의 로댕』(미술문화, 1998).

가즈오 이시구로, 김남주 옮김, 『나를 보내지 마』(민음사, 2009).

에리히 마리아 레마르크, 신승아 옮김, 『개선문』(혜원출판사, 1992).

빈센트 반 고흐, 박홍규 옮김, 『세상에서 가장 아름다운 편지』(아트북스, 2009).

오노레 드 발자크, 이철의 옮김, 『나귀 가죽』(문학동네, 2010).

마르셀 프루스트, 김창석 옮김, 『잃어버린 시간을 찾아서』 11권(국일미디어, 1998).

움베르토 에코·장클로드 카리에르, 임호경 옮김, 『책의 우주』(열린책들, 2011).

일곱 번째 질문
읽은 책을 오래 기억하는 법이 있나요?

호르헤 루이스 보르헤스, 송병선 옮김, 「기억의 천재 푸네스」, 『픽션들』(민음사, 2011).

요한 볼프강 폰 괴테, 박찬기 옮김, 『이탈리아 기행』 1~2권(민음사, 2004).

살만 루슈디, 김석희 옮김, 『하룬과 이야기 바다』(달리, 2005).

세사르 바예호, 고혜선 옮김, 「트릴세 XV」, 『희망에 대해 말씀드리지요』(문학과 지성사, 1998).

폴 비릴리오, 김경온 옮김, 『소멸의 미학』(연세대학교출판부, 2004).

헬렌 니어링·스코트 니어링, 류시화 옮김, 『조화로운 삶』(보리, 2000).

윌리엄 셰익스피어, 최종철 옮김, 『한여름 밤의 꿈』(민음사, 2008).

강대진, 『일리아스, 영웅들의 전장에서 싹튼 운명의 서사시』(그린비, 2010).

여덟 번째 질문
어떤 책부터 읽으면 좋을까요?

귀스타브 플로베르, 김화영 옮김, 『마담 보바리』(민음사, 2000).

버지니아 울프, 박인희 옮김, 『댈러웨이 부인』(집사재, 2003).

D. H. 로렌스, 이인규 옮김, 『채털리 부인의 연인』 1~2권(민음사, 2003).

레프 톨스토이, 박형규 옮김, 『부활』 1~2권(민음사, 2003).

토머스 하디, 정종화 옮김, 『테스』 1~2권(민음사, 2009).

오노레 드 발자크, 박영근 옮김, 『고리오 영감』(민음사, 1999).

앙투안 드 생텍쥐페리, 허희정 옮김, 『인간의 대지』(펭귄클래식코리아, 2009).

르 클레지오, 최애영 옮김, 『아프리카인』(문학동네, 2005).

무라카미 하루키, 양윤옥 옮김, 『1Q84』 1~3권(문학동네, 2009).

레프 톨스토이, 연진희 옮김, 『안나 카레니나』 1~3권(민음사, 2009).

오에 겐자부로, 서은혜 옮김, 『개인적인 체험』(을유문화사, 2009).

오에 겐자부로, 윤상인·박이진 옮김, 『오에 겐자부로, 작가 자신을 말하다』(문학과지성사, 2012).

마크 트웨인, 김욱동 옮김, 『허클베리 핀의 모험』(민음사, 1998).

단테 알리기에리, 박상진 옮김, 『신곡』 지옥편·연옥편·천국편(민음사, 2007).

빌헬름 게나치노, 박교진 옮김, 『이날을 위한 우산』(문학동네, 2010).
한수산, 『까마귀』(해냄, 2003).
김원일, 『히로시마의 불꽃』(문학과지성사, 2000).
이치바 준코, 이제수 옮김, 『한국의 히로시마』(역사비평사, 2003).
홍세화, 『나는 빠리의 택시운전사』(창비, 2006).
전진성, 『삶은 계속되어야 한다』(휴머니스트, 2008).
서경식, 이목 옮김, 『소년의 눈물』(돌베개, 2004).

마지막
비밀 질문

움베르토 에코, 이윤기 옮김, 『장미의 이름』 1~2권(열린책들, 2006).
니코스 카잔차키스, 이윤기 옮김, 『그리스인 조르바』(열린책들, 2009).
에두아르도 갈레아노, 유왕무 옮김, 『축구, 그 빛과 그림자』(예림기획, 2006).
윌리엄 셰익스피어, 최종철 옮김, 『맥베스』(민음사, 2004).
제임스 조이스, 이상옥 옮김, 『젊은 예술가의 초상』(민음사, 2001).
페데리코 가르시아 로르카, 엄지영 옮김, 『인상과 풍경』(펭귄클래식코리아, 2008).
김고연주, 『조금 다른 아이들, 조금 다른 이야기』(이후, 2011).
다자이 오사무, 김춘미 옮김, 『인간 실격』(민음사, 2004).
베른하르트 슐링크, 김재혁 옮김, 『더 리더』(이레, 2004).
보리스 파스테르나크, 박형규 옮김, 『닥터 지바고』 1~2권(열린책들, 2009).
장 그르니에, 김화영 옮김, 『섬』(민음사, 1997).
토마스 만, 안삼환 외 옮김, 『토니오 크뢰거 · 트리스탄 · 베니스에서의 죽음』(민음사, 1998).
이탈로 칼비노, 이현경 옮김, 『보이지 않는 도시들』(민음사, 2007).

밀란 쿤데라, 방미경 옮김, 『농담』(민음사, 1999).

헨리 데이비드 소로, 윤규상 옮김, 『소로의 일기』(도솔, 1996).

앙드레 브르통, 오생근 옮김, 『나자』(민음사, 2008).

삶을 바꾸는 책 읽기

1판 1쇄 펴냄 2012년 6월 25일
1판 18쇄 펴냄 2025년 4월 11일

지은이   정혜윤
발행인   박근섭·박상준
펴낸곳   (주)민음사

출판등록   1966. 5. 19. 제16-490호
주소   서울특별시 강남구 도산대로1길 62(신사동)
           강남출판문화센터 5층 (우편번호 06027)
대표전화   02-515-2000
팩시밀리   02-515-2007
홈페이지   www.minumsa.com

ⓒ 정혜윤, 2012. Printed in Seoul, Korea
ISBN 978-89-374-8487-2 03810

* 잘못 만들어진 책은 구입처에서 교환해 드립니다.